黄土地区公路爆炸挤密快速加固技术研究

李海超　著

北　京
冶 金 工 业 出 版 社
2020

内容提要

本书在爆炸挤密黄土室外试验的基础上，研究了条形药包爆炸挤密黄土地区公路路堤在爆腔形状和尺寸、作用于土壤的压应力、土壤的塑性变形范围和程度等方面的规律，分析了黄土湿密度、含水量、炸药参数、不耦合装药系数对条形药包爆炸挤密黄土效果的影响，并给出了研究成果在黄土地区高速公路路堤快速加固中的应用方法，探究了爆炸挤密技术在黄土地区战时道路抢修抢建中的应用。

本书可供土木工程领域的高校师生、科研人员及企业工程技术人员阅读，也可供国防交通领域及应急管理系统的人员参考使用。

图书在版编目(CIP)数据

黄土地区公路爆炸挤密快速加固技术研究/李海超著. —北京：冶金工业出版社，2020.6

ISBN 978-7-5024-8575-7

Ⅰ.①黄… Ⅱ.①李… Ⅲ.①黄土区—公路路基—路基工程—爆炸加固—挤密加固—研究 Ⅳ.①U416.1

中国版本图书馆 CIP 数据核字（2020）第 084832 号

出版人 陈玉千
地　址 北京市东城区嵩祝院北巷 39 号 邮编 100009 电话 (010)64027926
网　址 www.cnmip.com.cn 电子信箱 yjcbs@cnmip.com.cn
责任编辑 张熙莹 郭雅欣 美术编辑 郑小利 版式设计 禹 蕊
责任校对 卿文春 责任印制 禹 蕊
ISBN 978-7-5024-8575-7
冶金工业出版社出版发行；各地新华书店经销；三河市双峰印刷装订有限公司印刷
2020 年 6 月第 1 版，2020 年 6 月第 1 次印刷
169mm×239mm；9.25 印张；177 千字；137 页
59.00 元

冶金工业出版社 投稿电话 (010)64027932 投稿信箱 tougao@cnmip.com.cn
冶金工业出版社营销中心 电话 (010)64044283 传真 (010)64027893
冶金工业出版社天猫旗舰店 yjgycbs.tmall.com
（本书如有印装质量问题，本社营销中心负责退换）

前　言

我国是世界上黄土分布面积最广、厚度最大的国家，黄土不仅被用作路堤填料，而且在急造军路过程中，也很难避开黄土地区。黄土在天然含水量时，往往具有较高的强度和较小的压缩性，致使在路基施工中不易被压实。未被压实的黄土在自重和外部荷载共同作用下，结构易发生较大变形。若是湿陷性黄土，在其含水量增大后，其强度会随之显著降低。爆炸挤密技术对解决黄土地区公路欠压实黄土路堤沉降严重的问题，黄土地区道路的抢修抢建以及提升既有道路承载能力问题，具有不可替代的优势。

爆炸挤密技术已有 80 年的历史，具有加固深度不受限制、高效、成本低等显著优势，但多用于饱和砂土、淤泥等软弱地基的处理，用于黄土的很少；由于采用爆炸挤密技术对路基的处理难度要远大于对地基的处理，而对既有公路路基的处理难度又远大于对新建路基的处理，因此将该技术用于既有公路路堤加固。由于缺少相对成熟的理论支撑，试验难度大，使用者认为其风险难控，最终只能不用或慎用。

为将爆炸挤密技术安全、高效地用于加固黄土地区既有公路路堤以及道路的抢修抢建，本书采用室外试验与数值模拟相结合的方法，为爆炸挤密技术在工程中的应用提供了方法和途径。通过爆炸挤密黄土室外试验，验证用 ANSYS/LS-DYNA 数值模拟爆炸挤密黄土的可行性和可靠性；系统研究了条形药包爆炸挤密黄土地区公路路堤的规律，得出了土壤参数、炸药参数、不耦合系数对条形药包爆炸挤密黄土路堤的影响规律，建立了爆炸挤密黄土路堤的塑性变形范围和程度的计算公式，确定了条形药包爆炸挤密土体满足平面应变假设的最低长细比；将爆炸挤密研究成果进行了高速公路黄土路堤快速加固的工程应用，并对战时采用爆炸挤密技术进行道路抢修抢建的方法进行了探究。本书建立了爆炸挤密黄土地区公路路堤的定量分析方法，在一定程度上改变了以往爆炸挤密技术工程应用主要靠经验的做法，突破了一般仅将该技术用于砂土、饱和砂土、淤泥等软土地基处理的应用现状，使爆炸挤密技术的应用范围不仅扩展至黄土，而且扩展至对安全性要求更高的黄土地区既有公路路堤的加固，又有战时道路的抢修抢建。通过工程实践，验证了本研究结果的可行性和可靠性。

本书由魏连雨教授、常春伟教授主审。本研究得到了河北省交通运输厅科技计划项目“高填路堤深层爆破挤密技术研究”（项目编号为20140629）的资助和河北省承德市交通局的大力支持。本书的出版得到了陆军军事交通学院科研基金和博士启动资金的资助。本书相关的研究工作得到了河北工业大学马国伟教授、崔洪军教授、马士宾老师、王清洲老师、刘艳竹、董立颖、李慧等的无私帮助；陆军军事交通学院的张艳萍、刘锡鑫、侯远达、黄晨旭、管晔、张娜、常健、王玲、刘宁、王玮、贾利博、梅迪、崔子鑫、庞彧、田宇、胡君、韩红静、陈昭华、黄玉满等同志参与了课题的相关研究工作，在此表示衷心的感谢！

由于作者水平有限，书中不足之处，敬请读者批评指正，共同促进爆炸挤密技术的进步及其在土木工程领域的应用。

作　者

2020 年 3 月

目　录

1 绪　论

1.1 爆炸挤密技术概述

爆炸挤密（也叫爆破密实或爆炸压密）技术是用爆炸动力挤密土体，在爆炸结束后形成地下爆腔，爆腔周围路堤材料被挤密，然后向空腔内逐层填筑加固材料，最后对填筑材料注浆加固，从而达到加固路堤的目的。需要的孔径一般不大于15cm，便于放置条形药包和填筑爆腔即可。孔距的大小，即钻孔的平面布置方案应综合考虑条形药包爆炸后的爆腔半径、横向塑性区半径等。

使用爆炸挤密技术提高松散饱和砂土沉积层的密度已有80多年的历史[1~9]，该技术最初的目的只是提高松散砂层的密度和工程性质，从而防止或减少其在地震中的液化影响。

爆炸挤密法最早于1936年用于苏联的Svirsk水电站工程中轨道路基处理，但没有取得成功。第一个被公认成功使用爆炸挤密方法处理地基的实例是20世纪30年代美国新罕布什尔州的Franklin Falls Dam的地基处理[10]。对天然沉积的砂土采用爆炸挤密法的研究始于1940年的苏联，同时美国也对此方法进行研究并得到了成功应用。其后，波兰、荷兰、罗马尼亚等国也进行了地基处理方面的应用。直到20世纪60年代末期，随着苏联、美国等应用爆炸挤密方法处理大坝、输电线路塔基及大型建筑物等实例的成功，这种方法逐渐引起人们的关注，对其研究才迈上了新的台阶[11~13]。

我国于1959年首次在安徽花凉亭水库和横排头水库、河南鸭河口水库和内蒙古红山水库等大坝地基处理中采用过爆炸挤密法，以防止地震时饱和砂土地基发生液化。尽管这些工程只是一些小规模的尝试，但它为我国开展爆炸挤密处理地基打开了先河[13,14]。

多年来，对爆炸挤密机理的研究主要针对爆炸挤密砂土（包括饱和砂土）和淤泥进行研究。研究认为爆炸产生的震动可以破坏原砂土的结构，引起饱和砂土液化，再重新固结使砂土更加密实，从而产生一定的沉降，使地基稳定性和承载力提高。爆炸挤密淤泥与爆炸挤密砂土或饱和砂土的机理具有很多相似之处。

对爆炸挤密土体成腔的机理研究，我国开展比较早的是合肥工业大学井巷教研室[15]，他们对爆炸挤密土壤凿井法开展研究，总结扩孔比受土的压缩性、炸药性质和炮孔直径影响较大。运用苏联学者总结的经验公式和克拉贝隆方程得到扩孔比公式，同时对爆炸挤密后的土壤进行分析。爆炸压力作用于土壤的情况与一般机械力一样，被压缩的土壤仅密度、含水量和内摩擦角发生变化，而化学成分保持不变。

1.2 研究背景与意义

黄土在世界上分布广泛，总面积达 $1.3\times10^7\text{km}^2$，约占全球陆地面积的 9.3%，呈东西向带状断续分布在南北半球中纬度地带。在亚洲，主要分布在中国、伊朗等国家。

我国是世界上黄土分布面积最广、厚度最大、成因类型最复杂、地层层序最完整的国家[16]，分布面积约为 635280km^2，占全国陆地总面积的 6.63%，其中湿陷性黄土约占 3/4[17]，主要分布在山东西部，河南北部、西部及西北部，河北、山西的大部分地区，内蒙古鄂尔多斯高原南部和西部，陕西的中部和北部，甘肃的中部和东部以及辽宁山地一带[18,19]。

随着我国国民经济的快速增长，公路建设呈现出前所未有的发展势头。在国家提出“西部大开发必须加强基础设施建设，近期要以公路建设为重点”的方针指导下，公路建设在西北黄土地区加速展开。尤其是在“十二五”和“十三五”期间，黄土地区的高等级公路和普通公路建设大面积展开，通车里程迅速增长。黄土分布区域内的各类公路的通车里程已从 1990 年的 $1.04\times10^5\text{km}$ 增长到 2015 年的 $4.7\times10^5\text{km}$。高速公路的增长更是迅速，从 1990 年西部第一条只有 23.89km 长的西（安）临（潼）高速公路通车，到 2015 年我国黄土地区高速公路通车里程已达到约 $1.8\times10^4\text{km}$。这从根本上提升了黄土地区的交通保障能力，对经济发展具有重要意义和非常重要的促进作用[20]。

由于黄土在我国分布面积广且覆盖深厚，黄土路基在黄土地区公路建设中应用最多，经常被用作路堤的填筑材料，是黄土地区公路建设的主要资源。以山西省为例，已建高速公路里程的 40%均为黄土路基。黄土在天然含水量时，往往具有较高的强度和较小的压缩性，致使在路基施工中不易被压实[21]。未被压实的黄土在自重和外部荷载共同作用下，结构易发生较大变形。若是湿陷性黄土，在其含水量增大后，其强度会随之降低。此外，在用黄土来填筑路堤时，如未能严格按照最大干密度和最佳含水量的 -3%～1% 来进行质量控制，会导致路堤承载力达不到设计车辆荷载的要求，这些都将造成黄土路基病害。如天水定西高速公路，全长 235km，在正式通车不久，其中总长 31.08km 的路段，路面竟出现大面积坑槽塌陷，不得不进行返修[20]。陕西省境内的咸阳机场公路总长不足 19km，却发生不均匀沉陷近 10 处，造成路基下沉数十厘米；西临高速公路 K34+300~K34+750 路段最大沉降量超过允许沉降量 5cm，已影响行车速度和安全等。《公路路基设计规范》（JTG D30—2015）要求高速公路一般路段，在路面设计使用年限（沥青路面 15 年、水泥混凝土路面 30 年）内的残余沉降（简称工后沉降）不能大于 30cm，桥台与路堤相邻处不大于 10cm[22]，如果不满足要求，就要对沉降进行处置，以确保行车安全。

造成黄土地区公路路基病害的原因是多方面的，如排水不畅、施工控制不当、填土压实度不足、地基处理不合理、车辆超载等。其中黄土路堤的压实度不足造成的承载力不能满足车辆荷载的反复作用是这个问题的根本。根据已有研究成果，压实度每下降 1%则道路的使用寿命就会降低 0.3~0.5 年[23]。《公路路基设计规范》（JTG D30—2015）明确规定高速公路的上路堤（即路面底面以下 0.8~1.50m）压实度不低于 94%，下路堤（即路面底面 1.50m 以下）压实度不低于 93%。所以，在考虑公路路基加固技术的过程中，须设法提高路基的压实度。

提高既有公路黄土路堤压实度的难度要远大于黄土地基处理的难度。因为沉降多发生在公路的局部，尤其是车辆荷载的作用范围，其路堤上覆约 80cm 的路面结构层，因此无法采用换填（适用于大范围沉降）、强夯等处理方法。另外，由于高等级公路一般都是国家公路网的动脉，所承担的运输任务较重，因此不宜长时间中断交通，需尽可能采用快速且对路面破坏小的加固方法。

综上可以看出，黄土路基病害已成为黄土地区公路建设必须重视的课题[24~27]。研究黄土地区公路路堤快速加固技术对解决黄土路堤因压实度不足引起的沉降病害，确保加固过程安全、高效以及公路的安全畅通具有非常重要的意义。

此外，目前对砂土和淤泥爆炸挤密的作用机理已较为系统，但该机理与爆炸挤密土体的机理完全不同。且对土中爆炸机理的研究相对于砂土和淤泥中的爆炸来说相对较少，更鲜见对爆炸挤密黄土的研究。因此，本书拟对爆炸挤密黄土的规律进行探究。

1.3 加固黄土地区既有公路路基技术

加固黄土地区既有公路路基的常用方法有注浆法和挤密桩法。由于 3/4 的黄土具有湿陷性，因而注浆法显然不适合。挤密桩法包括碎石桩、碎石注浆桩、挤密砂桩、灰土桩、生石灰桩、水泥土挤密桩、柱锤冲扩桩（DDC桩）、冲击挤密复合桩、旋喷桩和粉喷桩等。用挤密桩法加固后的路基一般称为复合路基，复合路基可提高原有路基的承载能力，降低路基沉降量，延长公路的使用寿命。而上述这些挤密桩法，除了生石灰桩的孔径在10~12cm、CGMT桩的孔径为15~20cm外，其他桩都需要在路面上钻30~70cm的孔，且所有这些桩的间距都必须控制在0.6~2m之间，非常密[28,29]。桩多，自然造价高、施工周期长。此外，这些方法都使得路面破损严重，施工后，不得不加铺新的路面，这就进一步增加了施工成本，延长了阻断交通的时间。

与其他加固土体的方法相比较，用爆炸挤密技术加固既有公路路堤，具有施工工艺简单、施工周期短、施工费用较低、处理深度大等特点[30]，是一种可行的加固既有公路路堤的方法，也比较经济有效。其主要特点如下：

（1）能量利用率高，加固深度大。爆炸挤密加固技术实施过程中，炸药在土中爆炸，能量主要是以剪切波和压缩波的形式传播，表面波能量所占的比例较小，用于加固路堤的能量所占比例较大，因此有较高的能量利用效率[31]。在剪切波和压缩波作用下，土体发生剧烈变形，物理力学性质发生变化，从而导致其密度、孔隙比、比贯入阻力、孔隙水压力和含水量发生变化。常用爆后土密度与爆前土密度之比表示可压缩性，即压缩比 η，对松散地基来说其数值可达1.2~1.34[32]；对具有一定压实度的路基土来说，η 值要有所降低。爆炸挤密加固后的土体，其压实度和强度均有较大提高。在黄土地区既有公路路堤加固技术中，除了DDC桩和旋喷桩的处理深度比较大之外，其他桩的加固深度通常在5~20m之间，而爆炸法的动载能量均匀分布在处理深度的土体内部，不受加固深度的影响，因此从理论上讲，爆炸法加固路基深度（或路堤高度）是没有限制的[30,33~36]。

（2）所需施工机具和人员少，工艺简单，便于管理。爆炸挤密加固既有公路路堤，一般只需潜孔钻、水泥净浆搅拌机、液压注浆机、1~2辆运输车、十几个施工人员以及一些简单工具。施工工艺及工序均很简单，因而便于操作和管理。

（3）施工费用低，对交通的影响小。采用爆炸挤密技术加固的公路路堤，施工成本不足换填工程费用的5%，不足上述各种挤密桩施工费用的30%，且如果不是原有路面不均匀沉陷过于严重，就不需加铺新路面，所以施工费用低。用爆炸挤密技术加固的公路路堤，由于桩、土共同作用，沉降量比普通路基小，病害少，可节约后期养护资金。

采用爆炸挤密技术加固公路路堤，只要避开爆破时间，即可边施工边通车，不影响交通正常通行，完全阻断交通的时间短，对交通影响小。

为此，提出采用爆炸挤密加固技术实现黄土地区既有公路路堤的快速加固。

1.4　研究内容及技术路线

用爆炸挤密技术提高土体强度虽然已有 80 多年的历史，但对土中爆炸挤密的机理国内外还没有公认的成熟理论，故对其应用多采用经验、试验以及数值模拟相结合的方法[30]。此外，爆炸挤密技术主要应用于提高砂土（为了防止砂土液化）和淤泥地基的压实度[37~40]，在黄土处理中的应用国内外研究得很少，在黄土地区既有公路路基中的应用就更加鲜见。在后续的研究中，需要着重克服理论分析不足对爆炸挤密加固技术应用带来的阻力，寻找爆炸挤密黄土的规律，改变工程应用主要靠经验的现状。

本书主要研究爆炸挤密技术在黄土地区既有公路路堤快速加固中的应用，其比加固砂土或软土地基需要更加准确地对爆炸参数（包括炸药品种、炸药量、埋置位置、孔间距等）予以控制，否则既有可能达不到充分加固的目的，还有可能造成既有路面的塌陷或隆起等进一步的破坏。基于此，本书的主要研究内容如下：

（1）从爆炸挤密黄土室外试验和有限元数值模拟两个方面进行研究，比较爆腔尺寸、爆后土壤密度和作用于土壤的峰值压应力数值模拟结果和实测结果，验证采用 ANSYS/LS-DYNA 软件进行数值模拟爆炸挤密黄土的可行性和可靠性，研究集中药包爆炸挤密黄土的规律。

（2）按照典型沥青路面公路的实际结构和几何尺寸建立有限元模型，研究条形药包对黄土地区公路路堤的爆炸挤密规律。分等横截面不等长和等长不等横截面两类条形药包进行数值模拟。

（3）研究主要土壤参数对条形药包爆炸挤密黄土地区公路路堤规律的影响。研究黄土湿密度、含水量以及二者共同对条形药包爆炸挤密黄土路堤规律的影响。

（4）研究炸药主要参数对条形药包爆炸挤密黄土地区公路路堤规律的影响。研究炸药密度、爆速、爆压和单位体积能量这四个主要参数对条形药包爆炸挤密黄土路堤规律的影响。

（5）研究不耦合系数对条形药包爆炸挤密黄土地区公路路堤规律的影响。

本书的技术路线如图 1-1 所示。

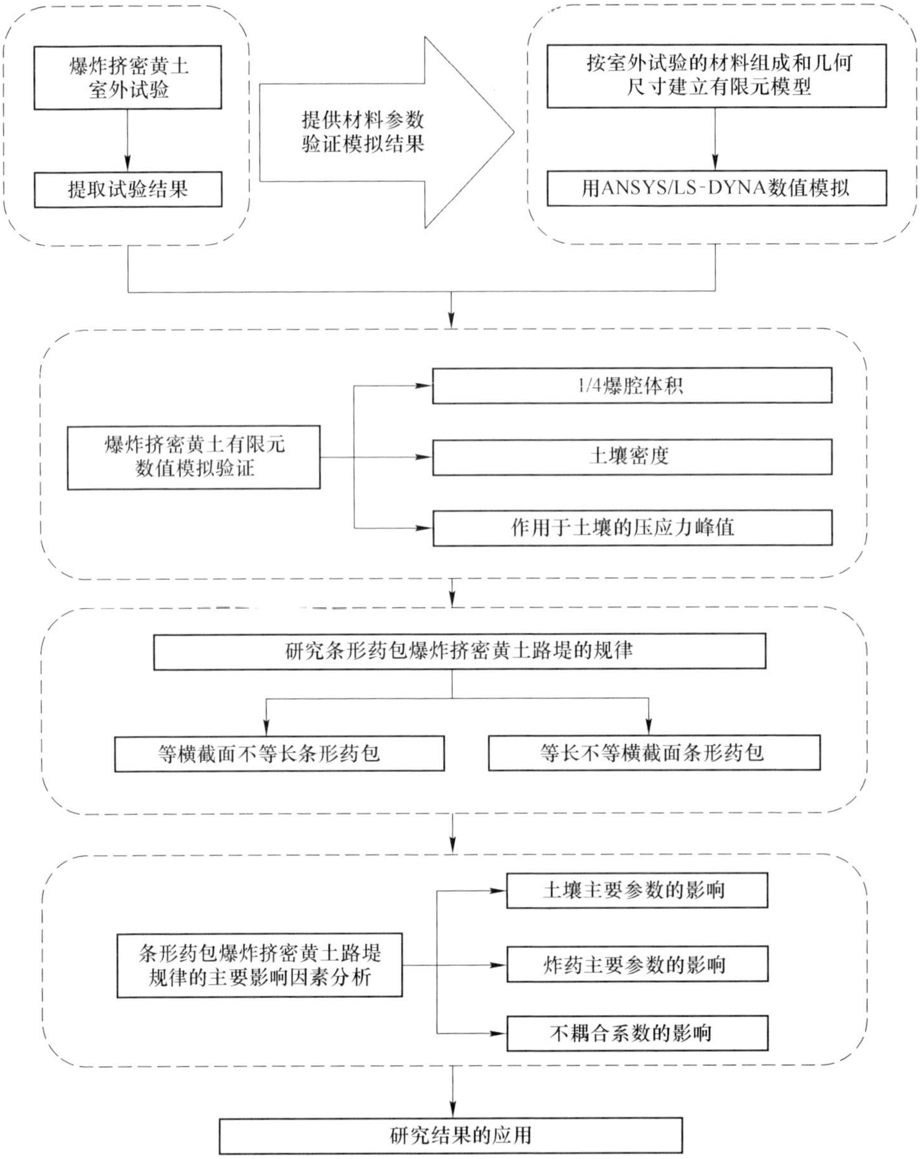
爆炸挤密黄土
室外试验
提取试验结果
提供材料参数
验证模拟结果
按室外试验的材料组成和几何
尺寸建立有限元模型
用ANSYS/LS-DYNA数值模拟
爆炸挤密黄土有限元
数值模拟验证
1/4爆腔体积
土壤密度
作用于土壤的压应力峰值
研究条形药包爆炸挤密黄土路堤的规律
等横截面不等长条形药包
等长不等横截面条形药包
条形药包爆炸挤密黄土路堤
规律的主要影响因素分析
土壤主要参数的影响
炸药主要参数的影响
不耦合系数的影响
研究结果的应用

图 1-1　技术路线图

2 爆炸挤密黄土试验

虽然用爆炸挤密技术提高软土地基强度已有多年历史，但试验测试和理论分析方面的难度阻碍了其发展和应用[30]。基于理论分析的难度和不成熟，《水电水利工程爆破施工技术规范》（DL/T 5135—2013）要求，合理的爆破参数应通过试验确定[41]。然而对既有公路路基的加固，很难在待加固场地进行现场试验，因为一旦试验失败，很可能会影响路面及边坡的安全，甚至造成更严重的破坏。为了研究爆炸挤密黄土的规律，同时也为了验证第 3 章爆炸挤密黄土数值模拟的可行性和可靠性，本章通过小型和中型爆炸挤密黄土室外试验，从爆炸挤密前后的土壤参数、爆腔尺寸和爆炸作用于土壤的压应力峰值三个方面分析了试验结果，为数值模拟提供原始材料参数和可靠性验证。

2.1 小型爆炸挤密黄土室外试验

2.1.1 试验设计

2.1.1.1 试验场地

试验场地位于河北北部某高速公路路堤的原取土场，地点如图 2-1 所示。该高速公路因压实度不足而发生多路段黄土路堤沉陷，且该处比较空旷，附近没有在用民宅及其他建筑物，因而爆炸试验不会对周围居民、民用建筑及交通设施造成影响。

试验所用黄土位于低山的斜坡上（见图 2-2），地貌类型主要为堆积地貌，黄土为马兰黄土，呈褐黄至褐红色、可塑、具有中至高压缩性、具有虫孔和植物根孔、含少量小的钙质结核及小砾石。通过土工试验得到其最佳含水量为 13.1%，最大干密度为 1.88g/cm^3，土粒密度为 2.72g/cm^3。

2.1.1.2 试验流程

试验流程如图 2-3 所示。

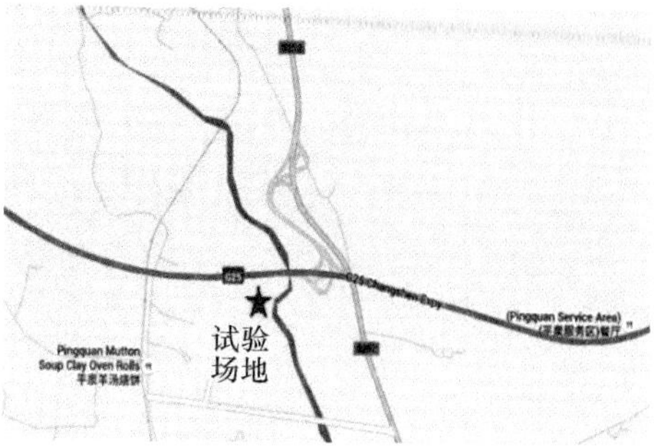

图 2-1　室外试验地点

图 2-2　室外试验场地

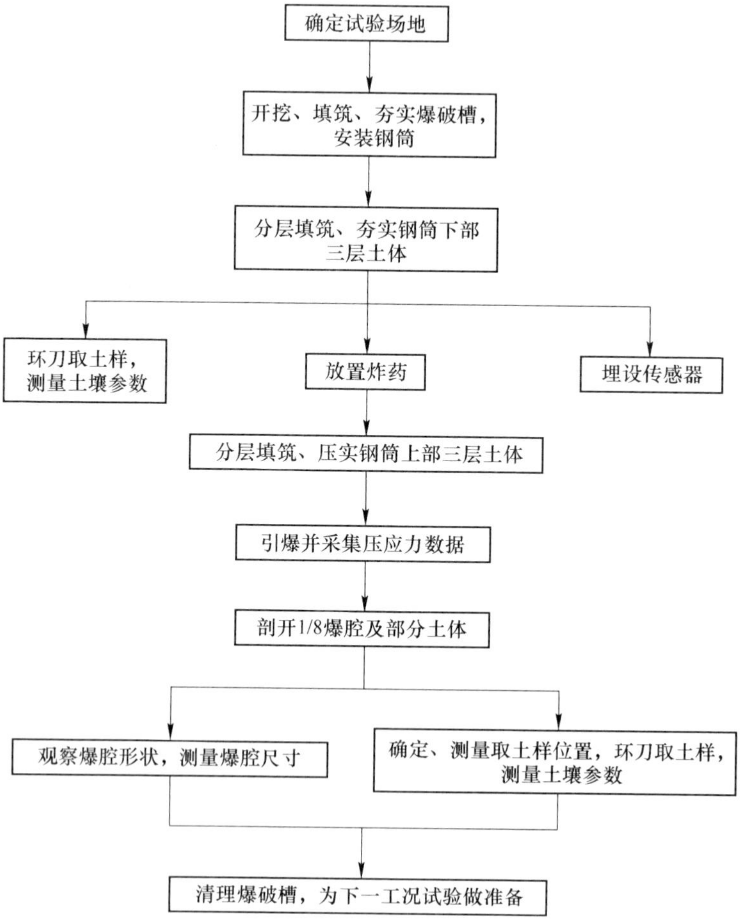

图 2-3　室外试验流程图

2.1.1.3 填筑试验土体

先在试验场地地面开挖两爆破槽，即 2 个深度 40cm、直径 150cm 的圆坑；然后从土堆取黄土，所取黄土含水量尽可能接近既有公路路堤填土，填筑爆破槽并夯实填土直至与地面平；将 2 个高 130cm、内径 150cm 的钢制圆筒放置在爆破槽上，以便可以同时进行两个试验。每个圆筒分 6 层填筑黄土并逐层夯实，每层虚铺约 35~40cm，再进行压实，达到压实度标准后进行下一层填铺、压实，如图 2-4 所示。最后用于试验的土壤总高度约为 170cm。

当填铺、压实好钢筒底部三层黄土之后，需在第三层土的不同位置随机用环刀取土样，目的是通过土工试验获取爆前土壤参数，包括土壤的湿密度 ρ、含水量 w、干密度 ρ_d、最大干密度 $\rho_{d_{max}}$、压实度 k、剪切模量 G、内摩擦角 φ 和黏聚力 c 等。由于受现场试验条件的限制，其中湿密度 ρ 和含水量 w 采用土工试验中的环刀法和酒精燃烧法测量[42]，用到的工具包括：环刀（内直径 5.5cm，高 4cm，质量 100g）、切土刀、称量盒、凡士林、酒精、天平等。然后再计算干密度和压实度，其他参数须将土带回土工实验室测量，其中剪切模量 G 用不排水三轴剪切试验确定，所用仪器为 SDT10 微机控制电液伺服岩土动三轴试验机；内摩擦角 φ 和黏聚力 c 采用三轴压缩仪、击实器、切土器和承膜筒等测定。

2.1.1.4 埋设炸药

在第三层土顶面中心埋置炸药。炸药采用 2 号岩石乳化炸药，如图 2-5 所示。该炸药由硝酸铵水溶液与油相溶液在乳化剂的作用下形成乳胶体，经敏化剂敏化混合而成乳化炸药，是一种新型防水工业炸药，具有爆炸威力大、抗水性能好、施工效率高，有毒气体含量少，贮存、运输使用安全方便等特点，因此常用于工业爆破。

图 2-4 填充并夯实试验用圆筒

图 2-5 2 号岩石乳化炸药

为模拟炸药在无限土体中爆炸，炸药量必须控制在一定范围内，从而使爆炸冲击波达不到容器壁，不会造成反射。目前国内外常用的药量计算经验公式见式(2-1)[43]。对于土中爆炸，当炸药埋深不小于式（2-1）的计算结果时，计算结果范围以外的土没有明显可见的变化。

$$h \geqslant 2\sqrt[3]{Q} \tag{2-1}$$

式中，h 为炸药埋深，m；Q 为 TNT 当量，kg。

由于炸药的 TNT 当量系数受炸药密度、围压、测量方法等多种因素的影响，而且不同文献给出的值不尽相同，如文献［44］测得的 2 号岩石乳化炸药的 TNT 当量系数为 0. 933，而文献［45］的取值为 0. 76。为确保安全，这里取 2 号岩石乳化炸药的 TNT 当量系数为 0. 933。

试验用钢筒的内半径为 75cm，小于用于试验的土体高度的一半，即 85cm，故用 h=75cm 按式（2-1）确定的最大药量为 68. 5g。此外，考虑到药包本身的体积，以及避免引起土壤变形的应力波受到筒壁反射后影响土体塑性区应力波的采集，偏于保守地取最大药量为 50g。

本次试验共设计了 8 种工况，由于其中一个工况引爆失败，所以结果包含 7 种工况。工况 1 和工况 2 分别使用 50g 和 40g 炸药；工况 3～7 均使用 30g，但各工况土壤参数不同。药包直径为 3. 2cm。埋设炸药时，需将炸药置于该钢筒的几何中心（包括水平和垂向），故将柱状炸药的 1/2 埋入第三层填土的中心，如图 2-6 所示。导爆管采用工业 8 号雷管。

2. 1. 1. 5　埋设传感器

埋设好炸药之后，在该层土的表面安设传感器。所用传感器是 MYD-8432D 型压电式压力传感器（见图 2-7），为动态信号传感器，可通过信号采集系统收集爆炸瞬间土中相应位置爆炸波产生的压应力值。其主要的性能指标见表 2-1。

图 2-6　放置炸药图

图 2-7　MYD-8432D 型压电式压力传感器

表 2-1 MYD-8432D 型传感器主要性能指标

量程	0~60MPa，0~100MPa，0~250MPa，0~400MPa		
灵敏度	20~80pC/MPa	工作温度	-20~+150℃
过载能力	≤120%F. S	抗冲击	5000g
固有频率	≥150kHz	安装方式	螺纹 M10×1
上升时间	≤7μs	探头直径	ϕ6. 5mm×4mm
非线性	≤0. 3%	信号输出	L5
特 点	寿命长、稳定可靠、非线性小	应用领域	爆炸物理，发动机缸压测量等

传感器的平面布置如图 2-8 所示。每个钢筒共安设 4 个传感器，为测得距离爆心不同距离处的黄土受到的压应力，需将传感器置于距爆心不同距离处，在工况 1 和工况 2 中，传感器距炸药中心的距离 $r_1 \sim r_4$分别为 26cm、36cm、46cm 和 56cm；在工况 3~7 中，$r_1 \sim r_4$分别为 22cm、32cm、42cm 和 52cm。为使传感器之间不互相影响，需错开一定角度。埋设好的传感器如图 2-9 所示。

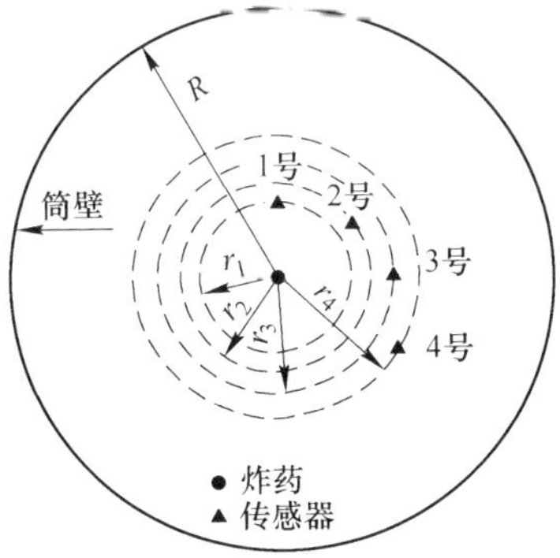

图 2-8 传感器平面布置示意图

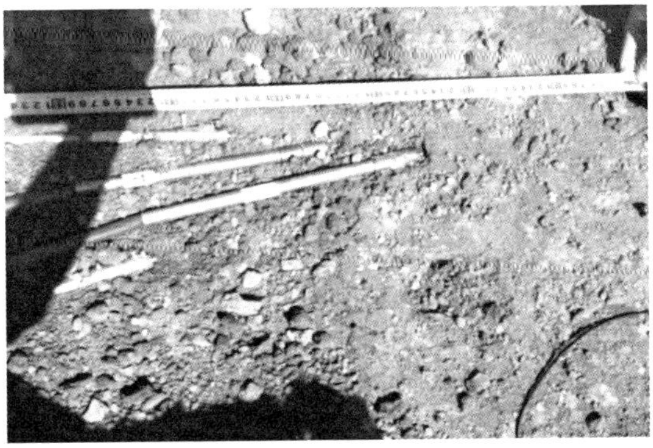

图 2-9 埋设、连接好的传感器

在埋设、连接好炸药和传感器之后，继续逐层填筑、夯实钢筒上部的 4~6 层黄土，直至与钢筒齐平。最后，准备信号采集仪器和引爆设备，完成后工作人员即可撤离到安全距离之外，由专业爆破人员进行引爆。

2.1.1.6 试验

试验中，采用 TST5910 动态信号测试分析系统采集、传输和存储爆炸压应力信号，如图 2-10 所示。该系统采用高速数据传输接口，瞬态缓存，每通道 512k 采样点；采用高精度频率合成技术，保证了所有通道并行同步采集；采用 Q-FAN 智能温度控制系统，最大程度上减少了温度对测量结果的影响。爆破过程中，试验现场应保证动态信号采集仪的电源供应正常，以便信号采集顺利，不间断。

爆破结束后，对每一工况都需小心地人工开挖爆腔，水平位置开挖到爆心所

(a)

(b)

图 2-10　TST5910 动态数据采集仪

（a）TST5910 动态信号测试分析系统；（b）数据采集中

在平面，共开挖出约 1/8 爆腔；人工多次用钢卷尺测量同一爆腔直径，包括水平和垂向直径，如图 2-11 所示，最后取平均值。在开挖后的断面上，沿爆心所在平面的不同半径范围内用环刀取土，如图 2-12 所示，进行土工试验，得到爆后土壤参数。最后，将钢筒及爆破槽内的土体全部清理出来，为下一组试验做准备。

图 2-11　打开爆腔并测量其几何尺寸

图 2-12　爆炸挤密后取土样

2.1.2　试验结果与分析

2.1.2.1　爆炸挤密前后土壤参数

爆炸挤密前，在爆心所在平面测得的土壤参数平均值见表 2-2。

表 2-2 爆炸前各试验工况土壤主要参数

工况	湿密度 ρ_0 /g · cm^{-3}	含水量 w/%	压实度 k /%	剪切模量 G/MPa	内摩擦角 φ/ (°)	黏聚力 C /kPa
S1	1.85	16.17	84.71	32.1	11.83	19.96
S2	1.84	16.56	83.97	30.4	11.56	17.01
S3	1.81	16.32	82.77	29.0	10.47	11.15
S4	1.85	17.10	84.03	29.6	12.01	18.43
S5	2.01	16.35	91.89	41.9	17.43	26.31
S6	1.90	18.90	85.00	27.9	14.08	22.86
S7	1.92	20.60	84.68	24.6	15.09	24.90

爆炸挤密后，剖开约 1/8 爆腔，即约为上半个爆腔的 1/4，在爆心所在平面距离爆心不同位置处用环刀取土样，对每个土样都记录取土位置至爆腔壁的距离，在测得爆腔尺寸后，换算成至爆心的距离，即爆心距。由于剖开的土体有限，因此能够得到的爆炸挤密后的土样数量不多，不够进行剪切模量、内摩擦角等参数的测量，而重塑土样与原状土样在土壤参数上有时差距较大，故表 2-3 仅列出了土样采集位置及现场测得（或算得）的土壤参数。

表 2-3 爆炸挤密后各试验工况土壤主要参数及挤密效果

工况	爆心距/cm	湿密度 ρ /g · cm^{-3}	含水量 w /%	爆后压实度 k/%	爆前压实度 k/%	压实度提高①/%
S1	31.5	2.01	13.31	94.36	84.71	11.39
	49.5	1.86	13.58	87.11		2.83
S2	30.0	2.03	13.87	94.83	83.97	12.93
	45.0	1.85	14.23	86.15		2.59
S3	27.0	1.92	13.53	89.96	82.77	8.68
	42.0	1.82	15.25	84.00		1.49
S4	31.0	2.05	14.36	95.35	84.03	13.47
	47.0	1.86	15.89	85.37		1.59
S5	23.5	2.15	15.20	99.27	91.89	8.03
	34.5	2.03	13.60	95.05		3.44
S6	25.75	2.07	16.58	94.45	85.00	11.12
	37.75	2.04	18.10	91.88		8.10
	48.75	1.90	18.80	85.07		0.08
S7	30.0	2.15	18.50	96.51	84.68	13.96
	42.0	1.98	19.30	88.28		4.25
	53.0	1.92	20.40	84.82		0.17

① 压实度提高=（爆后压实度-爆前压实度）/爆前压实度×100%。

从表 2-3 可以看出，爆炸挤密后，土壤的密度和压实度都有了不同程度的提高，工况 S7 高达 13.96%，且距离爆腔近的土壤挤密效果要好于离爆腔远的土壤。因为室外试验，无法在距离爆腔非常近的区域取土样，故是否越靠近爆腔土壤的密度及压实度越高，还有待于进一步分析（详见第 3 章）。

当炸药量相等或相差不多时，挤密效果和土壤参数相关性较大，如分别用 50g 和 40g 炸药的工况 S1 和 S2 的爆炸挤密效果并不一定好于用 30g 炸药的工况 S3～S7。从表 2-3 的数据可以初步得出，在药量相同或相近时，初始压实度低的土壤其爆炸挤密效果多数要好于压实度高的土壤。但由于药量不尽相同，爆炸挤密效果难以比较；即使在使用相同药量的 S3～S7 工况中，爆后取土样的位置也不同，所以较难全面分析爆炸挤密土壤效果与爆前初始土壤参数的关系。

2.1.2.2　爆腔尺寸

从爆腔剖开的部分向内观察，发现各工况爆腔均接近两端稍尖的椭球体。这是由于试验的土体有限，药包的长细比均小于 6（如试验工况中长细比最大的 50g 药包，试验所用的 2 号岩石乳化炸药的净密度为 1.31g/cm^3，药管半径为 1.6cm，则其长度 H=4.7cm，其长细比为 4.7/3.2=1.5<6，故不属于条形药包，仅属于集中药包。设爆腔平均水平半径为 r_h，平均垂向半径为 r_v，近似计算得到 1/4 爆腔体积为 $V/4=\pi r_h^2 r_v/3$。各工况的爆腔体积见表 2-4。

表 2-4　爆炸挤密试验各工况爆腔尺寸

<table>
<tr><th>工况</th><th>药量/g</th><th>r_h/cm</th><th>r_v/cm</th><th>$\frac{V}{4}$/cm^3</th><th>$r_1=k_{vd}r_0$/cm</th><th>$r_1=k_{vd}^*\sqrt[3]{W}$/cm</th></tr>
<tr><td>S1</td><td>50</td><td>17.0</td><td>18.5</td><td>5596.00</td><td rowspan="7">8.64～12.32</td><td>12.17～16.79</td></tr>
<tr><td>S2</td><td>40</td><td>16.0</td><td>17.0</td><td>4555.09</td><td>11.3～15.59</td></tr>
<tr><td>S3</td><td>30</td><td>17.0</td><td>13.0</td><td>3932.33</td><td rowspan="5">10.27～14.16</td></tr>
<tr><td>S4</td><td>30</td><td>16.0</td><td>13.0</td><td>3483.31</td></tr>
<tr><td>S5</td><td>30</td><td>14.0</td><td>16.0</td><td>3282.35</td></tr>
<tr><td>S6</td><td>30</td><td>14.5</td><td>16.0</td><td>3520.99</td></tr>
<tr><td>S7</td><td>30</td><td>14.0</td><td>16.5</td><td>3384.92</td></tr>
</table>

从表 2-4 可以看出，药量越大产生的爆腔体积越大，这与常识相符。将表2-2 与表 2-4 相结合可以看出，当药量相同时（工况 S3～S7），爆腔体积与爆前土壤压实度成反比，即压实度越大，爆腔体积越小。但其中工况 S6 的情况特殊，其

爆前压实度高于工况 S4 和 S7，其密度和含水量都介于二者之间，但其爆腔体积却小于二者，虽然不排除测量和近似计算带来的误差，但也不排除爆腔体积与爆前土壤湿密度和含水量有关，因为即使压实度相同的土壤，其湿密度和含水量也可以不同，对此还有待于进一步试验和数值模拟分析。

下面用地下封闭爆破的经验公式进行验证。

在爆破理论发展初期，曾依据模型形似理论推导了一些经验公式[46]，其中的常数由试验确定。这些公式现在仍然在使用。对于球形药包有：

$$r_1 = k_{vd} r_0 \tag{2-2}$$

$$r_1 = k_{vd}^* \sqrt[3]{W} \tag{2-3}$$

式中，r_1 为爆腔半径；r_0 为药包半径；W 为药包质量；k_{vd}，k_{vd}^* 都为比例系数，$k_{vd}^* = 0.053k_{vd}$。

对于 9 号硝铵炸药，比例系数 k_{vd} 和 k_{vd}^* 的近似值分别为：对于软质、粉碎泥灰岩和黄土，$k_{vd} = 6.6 \sim 7.7$，$k_{vd}^* = 0.35 \sim 0.4m/\sqrt[3]{kg}$；对于软质、破碎泥灰岩和黄土，$k_{vd} = 5.4 \sim 6.5$，$k_{vd}^* = 0.29 \sim 0.34m/\sqrt[3]{kg}$。在使用这些系数时，必须把装药量转换成硝铵炸药当量。

对于条形药包爆腔为圆柱形（端部区除外）时的，参数为：

$$r_1 = \bar{k}_{vd} r_0 \tag{2-4}$$

$$r_1 = \bar{k}_{vd}^* \sqrt{W} \tag{2-5}$$

对于黏土，$\bar{k}_{vd} \approx 28.3$，$\bar{k}_{vd}^* \approx 0.4m/\sqrt{kg}$；对于砂土，$\bar{k}_{vd} \approx 24.8$，$\bar{k}_{vd}^* \approx 0.35m/\sqrt{kg}$。对于不同岩土类型有 $12 \leqslant \bar{k}_{vd} \leqslant 25$。

对于骨架密度 $\rho = 1.57g/cm^3$、含水量为 30%～33%的土壤，有 $r_1 \approx 27r_0$；对于骨架密度 $\rho = 1.4 \sim 1.6g/cm^3$、含水量为 4%～5%的土壤，有 $r_1 \approx 0.23\sqrt{W}$。

经验公式的优点是形式简单、使用方便；缺点是对土的区分过于笼统，对土壤参数考虑很少。

按照式（2-2）和式（2-3），对于球形药包在黄土中封闭爆炸的比例系数 k_{vd} 和 k_{vd}^* 的近似值分别为：$k_{vd} = 5.4 \sim 7.7$，$k_{vd}^* = 0.29 \sim 0.4m/\sqrt[3]{kg}$。

W 是药包质量，因上述比例系数 k_{vd} 和 k_{vd}^* 是硝铵炸药的试验数据，故须把装药量转换成硝铵炸药当量。硝铵炸药的 TNT 当量为 0.63[47]，取 2 号岩石乳化炸药的 TNT 当量为 0.933[44]，则 2 号岩石乳化炸药对硝铵炸药的当量系数为 1.48，则 50g、40g、30g 的 2 号岩石乳化炸药分别相当于 74g、59.2g、44.4g 硝铵炸药，换算成千克后分别代入式（2-2）和式（2-3），计算得到的半径范围见表 2-4。

从表 2-4 可以看出，实测爆腔半径无一符合经验公式 $r_1 = k_{vd}r_0$ 计算的范围，都比计算范围大，相对来说，更接近按公式 $r_1 = k_{vd}^* \sqrt[3]{W}$ 计算结果的上限。经分析认为，主要是由于采用的比例系数 k_{vd} 和 k_{vd}^* 是硝铵炸药的试验数据，而硝铵炸药比 2 号岩石乳化炸药的当量系数低，因此用经验公式计算的结果都偏小。尽管公式 $r_1 = k_{vd}^* \sqrt[3]{W}$ 的 W 已经换算成了硝铵炸药，但不足以消除比例系数的影响。此外，受药管规格的限制，试验用药包并不是严格的球形药包，而是 2.8～4.7cm 的圆柱体。

但是，上述两个经验公式均未考虑土壤参数的影响。而从表 2-4 的实测数据可以看出，即使炸药量相等，在不同湿密度和含水量的同类土壤（都为黄土）中，产生的爆腔体积也不同。

2.1.2.3　爆炸作用于土壤的压应力峰值

TST5910 动态信号测试分析系统采集试验中爆炸波作用于土壤的压应力信号后，通过 TSTDAS 动态信号测试分析软件对结果进行查看与分析。该软件是基于 VC++开发平台的一款动态信号处理软件，包含实时采集、显示、分析、保存等模块。图 2-13 所示为爆破试验中通过在土中预埋的传感器采集到的一个点的应力-时间变化曲线，使用者可以迅速查看某个时间点的应力值，并能提取其压应力峰值。

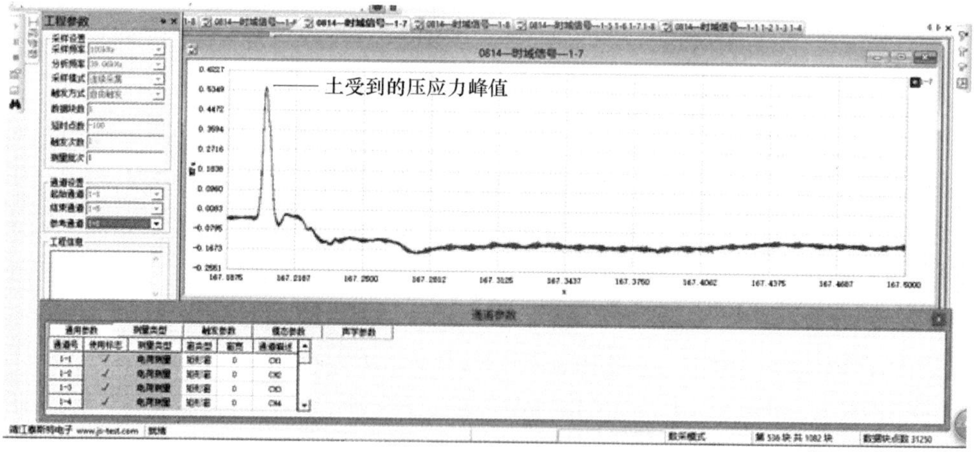

图 2-13　TSTDAS 动态信号测试分析系统界面

不同工况不同位置处测得的压应力峰值见表 2-5。为便于比较，将各工况各测量点位的压应力峰值绘入图 2-14。

表 2-5 爆炸挤密中土壤受到的压应力峰值

工况	爆前平均湿密度 ρ_0 /g · cm^{-3}	爆心距/cm	实测压应力峰值/MPa	衰减指数 $\alpha_{i(i+1)}$
S1	1.85	26	1.2285	
		36	0.4681	2.9650
		46	0.4356	0.2936
		56	0.2259	3.3381
S2	1.84	26	0.7232	
		36	0.2928	2.7785
		46	0.1459	2.8417
		56	0.0924	2.3222
S3	1.81	22	0.8853	
		32	0.3147	2.7604
		42	0.2016	1.6377
		52	0.1141	2.6652
S4	1.85	22	0.8629	
		32	0.3761	2.2163
		42	0.1765	2.7821
		52	0.1131	2.0838
S5	2.01	22	0.4643	
		32	0.2015	2.2278
		42	0.1097	2.2360
		52	0.0692	2.1573
S6	1.90	22	0.6052	
		32	0.2617	2.2375
		42	0.1706	1.5735
		52	0.0945	2.7659
S7	1.92	22	0.6664	
		32	0.3201	1.9570
		42	0.1734	2.2543
		52	0.0767	3.8193

从表 2-5 和图 2-14 可以看出，距离爆心的距离越远，其压应力峰值越小；炸药量越大，在相同或相近位置产生的压应力峰值越大；此外，比较工况 S3～S7，在距离爆心约 50cm 范围内，相同药量在压实度低的土壤的相同位置产生的压应

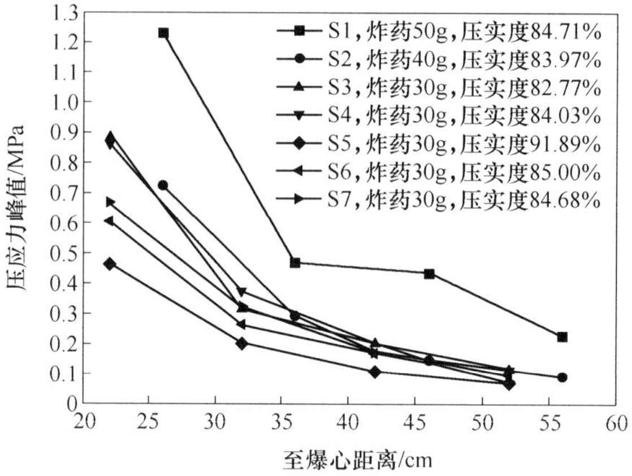

图 2-14　小型试验各工况压应力峰值比较

力峰值比压实度高的土壤要大；但在距爆心更远处，该规律发生改变，这是因为距离爆心越远，波的传播规律越复杂。

由文献［46］和［48］可知，作用于炮孔壁的初始压应力峰值 σ_m 及衰减指数 α 均直接影响爆炸挤密土壤的范围和程度。且认为 σ_m 与装药量、炸药参数及装药方式有关。本试验装药量相近，炸药参数及装药方式相同，但无法在靠近药包处布设传感器，因而无法测得 σ_m。下面将爆炸挤密机理与试验数据相结合，探索各工况 α 的情况。

由文献［48］可得应力波随传播距离的衰减规律：

$$\sigma_{r_i} = \frac{\sigma_m}{\bar{r}_i^{\alpha}} = \frac{\sigma_m}{\left(\frac{r_i}{r_0}\right)^{\alpha}} \tag{2-6}$$

式中，$\bar{r}_i$ 为比例距离，$\bar{r}_i = r_i/r_0$；r_i 为第 i 点的爆心距；r_0 为炮孔半径；α 为衰减指数。

对式（2-6）两边取自然对数，得：

$$\ln\sigma_{r_i} = \ln\sigma_m - \alpha\ln\frac{r_i}{r_0} \tag{2-7}$$

将各工况 4 个传感器的设置位置从爆心开始由近及远依次编号为 1、2、3、4，从而有：

$$\ln\sigma_{r_1} = \ln\sigma_m - \alpha\ln\frac{r_1}{r_0} \tag{2-8}$$

$$\ln\sigma_{r_2} = \ln\sigma_m - \alpha\ln\frac{r_2}{r_0} \tag{2-9}$$

$$\ln\sigma_{r_3} = \ln\sigma_m - \alpha\ln\frac{r_3}{r_0} \tag{2-10}$$

$$\ln\sigma_{r_4} = \ln\sigma_m - \alpha\ln\frac{r_4}{r_0} \tag{2-11}$$

由式（2-8）和式（2-9）联合解得1、2两点之间的衰减指数为：

$$\alpha_{12} = \frac{\ln\dfrac{\sigma_{r_1}}{\sigma_{r_2}}}{\ln\dfrac{r_2}{r_1}} \tag{2-12}$$

式中，σ_{r_1}，σ_{r_2}分别为在1、2两点测得的压应力峰值。

同理可得：

$$\alpha_{23} = \frac{\ln\dfrac{\sigma_{r_2}}{\sigma_{r_3}}}{\ln\dfrac{r_3}{r_2}} \tag{2-13}$$

$$\alpha_{34} = \frac{\ln\dfrac{\sigma_{r_3}}{\sigma_{r_4}}}{\ln\dfrac{r_4}{r_3}} \tag{2-14}$$

将计算得到的$\alpha_{i(i-1)}$，其中$i=1$，2，3，列入表2-5。

文献［49］对空气、土和水均取$\alpha = 2.9 \sim 3.9$。文献［50］用ANSYS/LS-DYNA软件对冲击波在水、土、混凝土中的衰减规律进行了模拟研究，得出冲击波在水中衰减最慢，混凝土中最快。即冲击波在土中衰减速度介于二者之间。但该文献并没有给出明确的衰减指数值或范围。

显然表2-5的21个α值中，只有1个值落入2.9~3.9的范畴，而且α值的变化没有规律可循，但并不能据此判断该值可靠与否。冲击波在土中的传播是非常复杂的，比岩石和水都复杂，目前尚未有文献提出土中爆炸在离爆心比较远的距离范围内衰减指数的理论解，对天然黄土或压密黄土就更加没有，式（2-6）也仅仅是半理论半经验公式。

理论上，将表2-5中的α值代入式（2-8）~式（2-11），可以求得压力峰值σ_m，但实际却做不到，因为按这些半理论半经验公式求得的σ_m值，即使同一工况，离散性都非常大，这也更进一步说明爆炸波在土中传播的复杂性。

2.2 中型爆炸挤密黄土室外试验

本节的中型爆炸挤密黄土室外试验是相对于前面的小型试验而言的，因为中型试验的药量为100g，比小型试验使用的药量大，用于试验的土体大，但药量和土体又不及实际路堤的几何尺寸和所需炸药量，为了有别于前面的试验，故这里称为中型试验。

2.2.1　试验设计

小型爆炸挤密黄土试验虽然相对来说易于实施，可控性强，但由于容器几何尺寸有限，因此所用土体体积小，使用药量小，用于夯实填土的重锤是自制的简易夯（见图 2-3），且人工夯实难以保证每次提升高度和夯实次数一致，进而难以保证钢筒内的土体压实度均匀。为了更好地模拟实际公路路基的压实方法，决定在地面挖长形爆破槽，模拟实际公路路基施工，逐层回填，用压路机压实。

同时，由于小型试验各工况药量不同，爆后土样的采集位置也不同，因此很难找出爆炸挤密效果和爆前初始土壤参数的关系，所以中型试验中，各工况均采用等量的 2 号岩石乳化炸药，且在距离爆心相同的位置取土样。中型试验各工况爆前初始土壤参数尽量不同，从而便于研究爆炸挤密效果随初始土壤参数的变化规律。

小型试验结果显示，爆腔体积与爆前土壤压实度的反比关系并不具有绝对性，由于工况有限，很难再进一步分析爆腔体积与爆前土壤压实度、密度和含水量的关系。这也是中型试验各工况拟采用相同的药量和不同土壤参数的原因。

中型试验选用与小型试验相同的场地，且采用与小型试验几乎相同的试验流程（见图 2-3）。

2.2.1.1　爆破槽的开挖并填筑

中型试验不再使用钢筒作试验容器，而是在地面用挖掘机直接开挖一个深 2m 的长方形爆破槽，且在槽的两端设置斜坡，以便施工机械进行土方填筑和碾压。槽底的几何尺寸为长 4m、宽 3m，如图 2-15 所示。

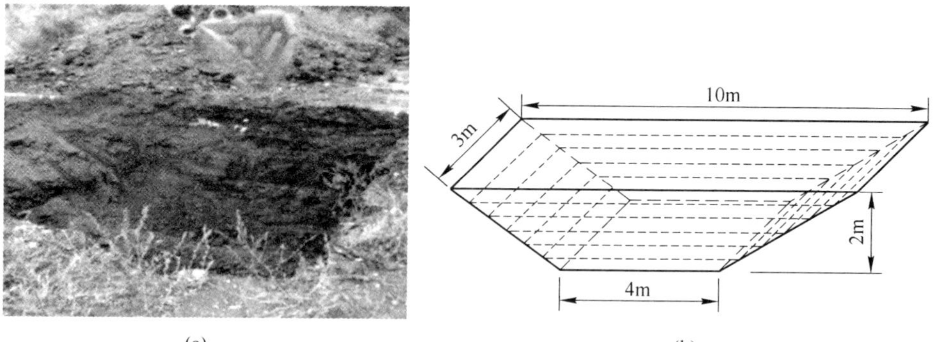

(a)　　(b)

图 2-15　中型试验爆破槽开挖现场照片及形状示意图

（a）开挖现场照片；（b）形状示意图

挖好爆破槽后，将准备好的黄土分6层填铺到200cm深的爆破槽中。为了更好地模拟公路施工中路堤的填筑与碾压方式，每填铺一层黄土，即用压路机碾压，如图2-16所示。每层虚铺土层厚度约为45cm，碾压的次数视模拟工况的压实度而定。

填筑压实完爆破槽底部的3层黄土后，需在土层顶面的随机位置用环刀法取土样，如图2-17所示。部分土样用于现场测量其天然湿密度和含水量（取各土样的平均值），计算干密度和压实度，部分带回土工试验室。

图2-16 分层填、压爆破槽内的土体

图2-17 爆前用环刀取土样

2.2.1.2 炸药及传感器的埋设

同时在该层黄土顶面的中心埋置炸药，炸药的种类和药包直径与小型试验相同。注意将药包长度的一半埋于土内，从而使柱状炸药的中心截面与该层黄土顶面齐平，目的是使药包中心尽可能位于爆破槽内的土体中心，即药包中心距离试验土体的底部和顶部都为100cm。当埋深为100cm时，按照式（2-1）计算得到的2号岩石乳化炸药的最大药量为164.5g，如同小型试验一样，在此仍偏于保守地将药量取为100g。

最后，在炸药中心所在平面距药包中心不同半径范围内布设传感器。本次试验共在4个不同半径处布设传感器，因为这次用于试验的土体范围比小型试验大，故在每个半径处布设两个传感器，如图2-18所示，1号和5号传感器距药包中心25cm，2号和6号距药包中心35cm，3号和7号距药包中心45cm，4号和8号距药包中心55cm，布设时还是将传感器错开一定的角度。布置之后的部分传感器如图2-19所示。

炸药和传感器埋置好后，继续填筑和碾压上面的3层土体。6层黄土全部填筑、压实后，将信号采集仪器和引爆设备准备就绪，工作人员撤离到安全位置，由专业爆破人员进行引爆。

爆破中的信号采集以及爆破后的爆腔开挖、土样获取和挤密后的土壤参数测定，均与小型试验的过程相同，不再赘述。

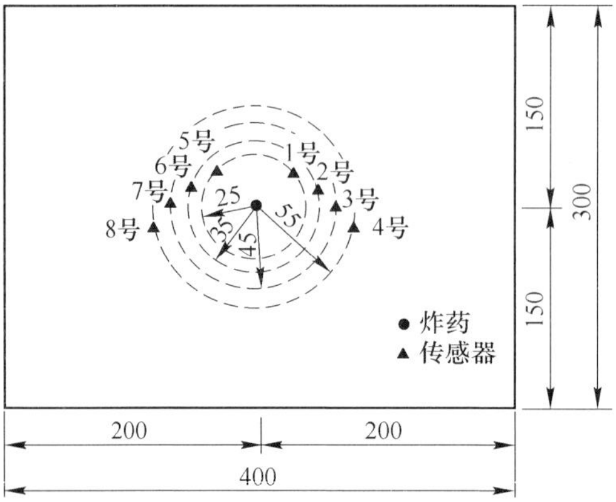

图 2-18　炸药和传感器平面布置示意图（单位：cm）

图 2-19　布设好的传感器

2.2.2　试验结果与分析

2.2.2.1　爆炸挤密前后土壤参数

本次试验共设计了 7 种工况：各工况使用的药量相同，均为 100g 2 号岩石乳化炸药，但爆前的土壤含水量和湿密度不同，从而压实度不同。

爆炸挤密前，在爆心所在平面用环刀取土样，测得的土壤参数平均值见表 2-6。

表 2-6　中型试验爆炸前各工况土壤主要参数

工况	湿密度 ρ_0 /g · cm^{-3}	含水量 w/%	压实度 k/%	剪切模量 G/MPa	内摩擦角 φ/(°)	黏聚力 c/kPa
M1	1.62	17.00	73.65	14.1	3.99	2.84
M2	1.65	19.00	73.75	13.0	4.21	3.06
M3	1.70	17.90	76.70	18.1	6.94	5.02
M4	1.76	15.70	80.91	27.0	8.62	6.72
M5	1.80	11.20	86.10	42.6	9.17	15.57
M6	1.85	17.00	84.11	29.9	11.99	18.60
M7	1.90	13.10	89.36	45.0	13.00	27.74

爆炸挤密后，剖开 1/8 爆腔，在爆心所在平面距离爆心不同位置处用环刀取土样，由于剖开的土体很有限，因此能够得到的爆炸挤密后的土样数量还是不足以进行剪切模量、内摩擦角等参数的测量，故表 2-7 仅列出了土样的采集位置及现场测得（或算得）的土壤参数。

表 2-7 中型试验爆炸挤密后各工况土壤主要参数及挤密效果

工况	距爆心/cm	湿密度 ρ/g·cm^{-3}	含水量 w/%	爆后压实度 k/%	爆前压实度 k/%	压实度提高①/%
M1	40	1.700	13.67	79.55	73.65	8.01
	50	1.682	14.32	78.26		6.26
	60	1.671	15.06	77.25		4.89
	70	1.634	16.78	74.43		1.05
	80	1.628	17	74.01		0.49
M2	40	1.701	15.25	78.51	73.75	6.45
	50	1.697	16.01	77.81		5.50
	60	1.693	17.32	76.76		4.08
	70	1.658	18.65	74.33		0.78
	80	1.654	19	73.93		0.24
M3	40	1.776	13.6	83.16	76.70	8.43
	50	1.765	14.9	81.71		6.53
	60	1.722	15.2	79.51		3.67
	70	1.735	16.4	79.28		3.37
	80	1.703	17.8	76.90		0.26
M4	40	1.806	11.1	86.47	80.91	6.86
	50	1.802	13.6	84.38		4.28
	60	1.796	14	83.80		3.57
	70	1.769	14.4	82.25		1.65
	80	1.766	15.7	81.19		0.34
M5	40	1.881	10.6	90.46	86.10	5.07
	50	1.851	10.6	89.02		3.39
	60	1.821	10.7	87.50		1.62
	70	1.819	10.9	87.25		1.33
	80	1.802	11.2	86.20		0.11
M6	40	1.922	14.05	89.64	84.11	6.58
	50	1.896	14.96	87.73		4.31
	60	1.871	15.58	86.11		2.38
	70	1.872	16.88	85.19		1.29
	80	1.867	17	84.88		0.92

续表 2-7

工况	距爆心/cm	湿密度 ρ/g·cm^{-3}	含水量 w/%	爆后压实度 k/%	爆前压实度 k/%	压实度提高[①]/%
M7	40	1.945	12.3	92.13	89.36	3.10
	50	1.939	12.6	91.60		2.51
	60	1.917	12.8	90.40		1.16
	70	1.916	12.9	90.27		1.02
	80	1.912	13.1	89.92		0.63

① 压实度提高=（爆后压实度-爆前压实度）/爆前压实度×100%。

从表 2-7 可以看出，爆炸挤密后，土壤的密度和压实度都有了不同程度的提高，提高率在 0.11%~8.43%。且距离爆腔近的土壤挤密效果要好于离爆腔远的土壤。为便于比较，将中型试验 7 个工况爆后土壤压实度提高百分比绘于图 2-20 所示。

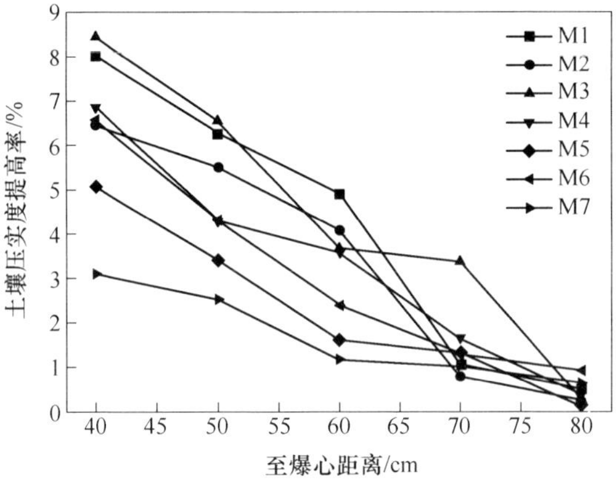

图 2-20　中型试验爆后土壤压实度提高率

从图 2-20 可以看出，在药量相同时，距离爆心相同距离处的土壤爆炸挤密效果，初始压实度低的土壤多数要好于压实度高的土壤，在距离爆心一定范围内（70cm 范围内）差别明显；相反，在距离爆心较远处（爆心距不小于 80cm），爆炸挤密效果的差别并不大。

由于取样点有限，且室外试验无法在距离爆腔非常近的区域取土样，较难全面分析土壤爆炸挤密后的密度分布以及爆炸挤密效果与爆前初始土壤参数的关系。

2.2.2.2　爆腔尺寸

观察发现各工况爆腔依然是接近两端稍尖的椭球体，各工况的爆腔平均

水平半径为 r_h，平均垂向半径为 r_v 以及近似计算得到 1/4 爆腔体积 V 见表 2-8。

表 2-8 中型试验各工况爆腔体积

工况	药量/g	r_h/cm	r_v/cm	$\frac{V}{4}$/cm^3	$r_1=k_{vd}r_0$/cm	$r_1=k_{vd}^{*}\sqrt[3]{W}$/cm
M1	100	20.7	22.7	10180.64	8.64~12.32	15.34~21.16
M2	100	20.5	22.4	9852.90		
M3	100	20.2	21.2	9054.14		
M4	100	19.8	23.6	9683.91		
M5	100	19.4	24.6	9690.52		
M6	100	19.0	23.0	8690.47		
M7	100	18.7	22.5	8235.20		

从表 2-8 可以看出，各工况的药量相同，但爆腔体积却不尽相同。将表 2-8 与表 2-6 相结合可以看出，当药量相同时，爆腔体积基本上与爆前土壤湿密度和压实度成反比，即湿密度和压实度越大，爆腔体积越小。但工况 M5 和 M6 的情况却有些反常，M5 爆前湿密度低于 M6，由于其含水量较小，其压实度高于 M6，然而，M5 的爆腔体积高于 M6。虽然不排除测量和近似计算带来的误差，但也不排除爆腔体积除了与爆前土壤湿密度和压实度有关外，还与含水量有关，这也有待于进一步试验或数值模拟分析。

将按地下封闭爆破经验公式（式（2-2）和式（2-3））计算的爆腔半径范围列入表 2-8。从表 2-8 可以看出，实测爆腔水平和垂向半径无一符合经验公式 $r_1=k_{vd}r_0$ 计算的范围，都比计算范围大。水平半径 r_h 全部落入了按公式 $r_1=k_{vd}^{*}\sqrt[3]{W}$ 计算的范围，垂向半径 r_v 却无一符合。由于药包并不是严格意义上的球形药包，仅是其长细比不符合条形药包的要求，因此垂向半径并不具有参考价值。但由此可以得出，对于这种介于条形药包和球形药包之间的集中药包，其产生的爆腔水平半径更适合用公式 $r_1=k_{vd}^{*}\sqrt[3]{W}$ 确定。在后续研究中，还需要进一步研究经验公式中比例系数与土壤参数的关系。

2.2.2.3 爆炸作用于土壤的压应力峰值

由图 2-18 可知，每个工况都分别在距离爆心 25cm、35cm、45cm 和 55cm 处布设 2 个传感器，将 TST5910 动态信号测试分析系统采集和存储的两个传感器的实测值取平均，列入表 2-9，同时绘入图 2-21。

表 2-9　中型试验各工况黄土受到的压应力峰值

工况	爆前平均湿密度 ρ/g · cm^{-3}	爆心距 /cm	实测压应力峰值/MPa	$\alpha_{i(i+1)}$
M1	1.62	25	3.45	
		35	1.63	2.23
		45	1.15	1.38
		55	0.83	1.62
M2	1.65	25	3.01	
		35	1.79	1.54
		45	1.15	1.75
		55	0.78	1.93
M3	1.70	25	3.05	
		35	1.76	1.64
		45	0.97	2.37
		55	0.73	1.42
M4	1.76	25	3.07	
		35	1.45	2.23
		45	0.94	1.75
		55	0.69	1.54
M5	1.80	25	3.04	
		35	1.65	1.81
		45	0.89	2.45
		55	0.69	1.32
M6	1.85	25	2.62	
		35	1.52	1.61
		45	0.98	1.74
		55	0.58	2.64
M7	1.90	25	2.78	
		35	1.26	2.36
		45	0.82	1.70
		55	0.62	1.40

从表 2-9 和图 2-21 可以看出，压应力峰值的变化规律与小型试验相似，即距离爆心的距离越远，测得的压应力峰值越小；由于 7 个工况所用的炸药量都为 100g，因此可以比小型试验更好地看出土壤受到的压应力峰值与土壤压实度的关

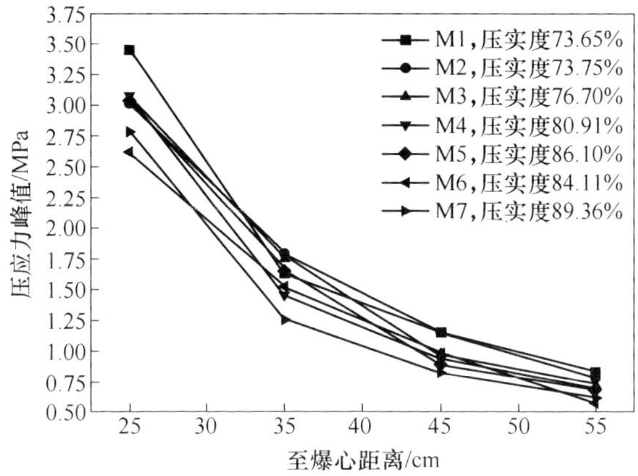

图 2-21　中型试验各工况压应力峰值比较

系。在土壤的相同位置，相同药量在压实度低的土壤产生的压应力峰值大多比压实度高的土壤要大，也就验证了压应力峰值在压实度高的土壤中的衰减速度大多高于压实度低的土壤。但随着至爆心距离的增加，压应力峰值之间的差值趋于减小。该规律在多数情况下是成立的，但并不是每个测量点的表现规律都如此，这虽不排除测量误差的原因，但压应力峰值及其衰减速度不仅与压实度有关，也与湿密度和含水量有关。对最大干密度相同的土来说，尽管压实度是湿密度和含水量的综合反映，但它却不能完全反映压应力峰值及其衰减速度与湿密度或含水量的关系。

在中型试验中，依然使用式（2-6）~式（2-14）计算衰减指数 α，将计算得到的 $\alpha_{i(i+1)}$（其中 $i=1$，2，3）列入表 2-9。显然表 2-9 中计算的 α 的变化没有体现出规律性。将小型试验计算得到的 α 与中型试验计算得到的 α 放到一起比较，也没有发现规律，故将利用数值模拟进一步研究衰减指数的规律性。

2.3　集中药包爆腔尺寸近似计算公式

在爆炸挤密技术的工程实施中，如果能预估爆腔尺寸（包括半径和体积），对合理设计施工方案、合理预备填筑材料土石方量等都是很有帮助的。式（2-2）和式（2-3）尽管是近似公式，但使用简便。从本章 2.1 节和 2.2 节的试验结果看出，文献［46］提供的比例系数范围不适合本书所研究的药包和黄土；此外，文献［46］没有考虑比例系数和土壤参数的关系，这影响了近似公式的适用性。本节拟通过试验数据，归纳分析比例系数与土壤参数的关系。鉴于试验所用药包虽然其长细比不属于条形药包，但也不是严格意义上的球形，故本书称之为“集中药包”。由于试验用集中药包的高度不尽相同，但半径相同，故需分别研究爆腔水平半径比例系数与土壤参数的关系，以及爆腔垂向半径比例系数与土壤参数的关系，进而得到爆腔水平半径和垂向半径的近似计算公式。对最大干密度相同的土壤（如试验所用黄土），土壤的湿密度和含水量完全可以反映压实度，故本节对土壤参数，只考虑土壤的湿密度和含水量。

由于试验所用炸药都为 2 号岩石乳化炸药，故该药量即为 2 号岩石乳化炸药的药量。如使用其他种类的炸药，可用当量系数换算成 2 号岩石乳化炸药。

2.3.1　比例系数 k_{vd} 与土壤参数的关系

比例系数为：

$$k_{vd} = \frac{r_1}{r_0} \tag{2-15}$$

式中，r_1 为爆腔半径；r_0 为药包半径。

两次室外试验中，除使用 30g 炸药的 5 个工况的药包有些粗扁之外，大多数是细长的集中药包，而且各试验工况的药包半径均为 1.6cm，其长度 H 与药量有关，因此，在此设水平比例系数为 k_{vdh}，垂向比例系数为 k_{vdv}，从而有：

$$k_{vdh} = \frac{r_h}{r_0} \tag{2-16}$$

$$k_{vdv} = \frac{r_v}{H} \tag{2-17}$$

利用式（2-16）和式（2-17）计算得到的比例系数 k_{vdh} 和 k_{vdv} 列入表 2-10。为便于寻找规律，将各工况土壤的湿密度和含水量同时列入表 2-10。

表 2-10　各工况实测及拟合比例系数 k_{vdh} 和 k_{vdv}

工况	湿密度 ρ_0 /g·cm^{-3}	含水量 w /%	爆腔水平半径 r_h/cm	爆腔垂向半径 r_v/cm	药量 /g	药包长度 H /cm	计算比例系数 k_{vdh}	拟合比例系数 k_{vdh}	误差百分比① /%	计算比例系数 k_{vdv}	拟合比例系数 k_{vdv}	误差百分比① /%
S1	1.85	16.17	17.0	18.5	50	4.7	10.63	10.82	1.81	3.94	3.72	-5.54
S2	1.84	16.56	16.0	17.0	40	3.8	10.00	10.83	8.31	4.47	3.74	-16.37
S3	1.81	16.32	17.0	13.0	30	2.8	10.63	11.21	5.53	4.64	3.44	-25.96
S4	1.85	17.10	16.0	13.0	30	2.8	10.00	10.58	5.79	4.64	3.99	-14.09
S5	2.01	16.35	14.0	16.0	30	2.8	8.75	8.82	0.85	5.71	5.49	-3.96
S6	1.90	18.90	14.5	16.0	30	2.8	9.06	9.34	3.11	5.71	5.26	-7.87
S7	1.92	20.60	14.0	16.5	30	2.8	8.75	8.40	-3.97	5.89	6.34	7.67
M1	1.62	17.00	20.7	22.7	100	9.5	12.94	13.06	0.98	2.39	2.31	-3.45
M2	1.65	19.00	20.5	22.4	100	9.5	12.81	12.90	0.72	2.36	2.13	-9.54

续表 2-10

工况	湿密度 ρ_0 /g·cm^{-3}	含水量 w /%	爆腔水平半径 r_h/cm	爆腔垂向半径 r_v/cm	药量 /g	药包长度 H /cm	计算比例系数 k_{vdh}	拟合比例系数 k_{vdh}	误差百分比① /%	计算比例系数 k_{vdv}	拟合比例系数 k_{vdv}	误差百分比① /%
M3	1.70	17.90	20.2	21.2	100	9.5	12.63	12.27	-2.81	2.23	2.69	20.45
M4	1.76	15.70	19.8	23.6	100	9.5	12.38	11.80	-4.68	2.48	3.03	22.15
M5	1.80	11.20	19.4	24.6	100	9.5	12.13	12.22	0.79	2.59	2.44	-5.60
M6	1.85	17.00	19.0	23.0	100	9.5	11.88	10.60	-10.70	2.42	3.96	63.56
M7	1.90	13.10	18.7	22.5	100	9.5	11.69	11.29	-3.44	2.37	2.93	23.55

① 误差百分比=（拟合比例系数-计算比例系数）/计算比例系数×100%。

将湿密度和含水量作为自变量，将比例系数作为因变量，以95%的置信度用MATLAB进行曲线拟合，分别得到水平比例系数 k_{vdh} 和垂向比例系数 k_{vdv} 与湿密度和含水量的关系分别为：

$$k_{vdh} = -6.416\rho_0^2 - 1.583\rho_0 w + 38.48\rho_0 + 2.673w - 34.28\ (R^2 = 0.8715) \tag{2-18}$$

$$k_{vdv} = 12.83\rho_0^2 + 2.238\rho_0 w - 75.38\rho_0 - 3.849w + 94.55\ (R^2 = 0.7724) \tag{2-19}$$

式中，ρ_0 为爆前黄土湿密度，g/cm^3；w 为爆前黄土含水量，%；R^2 为决定系数。

将式（2-18）、式（2-19）计算得到的拟合比例系数 k_{vdh} 和 k_{vdv} 也列入表2-10。

从表2-10可以看出，14个工况的水平半径比例系数 k_{vdh} 的计算值与拟合值吻合得很好，误差介于-10.70%~8.31%之间；而垂向半径比例系数 k_{vdv} 拟合效果很差，误差介于-25.96%~63.56%之间。从决定系数 R^2=0.7724也可以看出 k_{vdv} 拟合效果不佳，如果提高拟合多项式的幂，可以使 R^2 提高，但式（2-19）就失去了使用的简便性。虽然近似性较大，但可仅用于初步估算爆腔尺寸，从而为炮孔的布置提供参考。

分别将式（2-18）、式（2-19）与式（2-2）相结合，得到爆腔半径估算的推荐公式：

$$r_h = (-6.416\rho_0^2 - 1.583\rho_0 w + 38.48\rho_0 + 2.673w - 34.28) r_0 \tag{2-20}$$

$$r_v = (12.83\rho_0^2 + 2.238\rho_0 w - 75.38\rho_0 - 3.849w + 94.55) H \tag{2-21}$$

式中，r_h 为爆腔水平半径；r_0 为药包半径；r_v 为爆腔垂向半径；H 为药包长度；ρ_0 为爆前黄土湿密度，g/cm^3；w 为爆前黄土含水量，%。

2.3.2 比例系数 k_{vd}^* 与土壤参数的关系

由式（2-3）得比例系数：

$$k_{vd}^* = \frac{r_1}{\sqrt[3]{W}} \tag{2-22}$$

式中，r_1 为爆腔半径；W 为药包质量。

对于球形药包，上述关系成立，因为药包质量是 r_0^3 的函数；但对集中药包，尤其是试验用的等直径集中药包，药包质量 W 和炸药的密度 ρ_e、半径 r_0 以及长度 H 有关，即 $W=\rho_e \pi r_0^2 H$。试验结果也证实，无法找出爆腔水平或垂向半径与 $\sqrt[3]{W}$ 的关系，但可以找出爆腔水平半径 r_h 与 $\sqrt{W/H}$ 的关系，爆腔垂向半径 r_v 与 W/r_0^2 的关系。

假设：

$$r_h = k_{vdh}^* \sqrt{W/H} \tag{2-23}$$

$$r_v = k_{vdv}^* \frac{W}{r_0^2} \tag{2-24}$$

式中，k_{vdh}^* 为水平比例系数；k_{vdv}^* 为垂向比例系数。则：

$$k_{vdh}^* = r_h / \sqrt{W/H} \tag{2-25}$$

$$k_{vdv}^* = r_v \Big/ \frac{W}{r_0^2} \tag{2-26}$$

根据各工况实测的爆腔水平半径 r_h、垂向半径 r_v、所用药包质量 W、药包半径 r_0 以及长度 H，计算得到的比例系数 k_{vdh}^* 和 k_{vdv}^* 列入表 2-11。同时将各工况土壤的湿密度和含水量都列入表 2-11。

表 2-11 各工况实测及拟合比例系数 k_{vdh}^* 和 k_{vdv}^*

工况	实测爆腔水平半径 r_h /cm	爆腔垂向半径 r_v /cm	药量 /g	药包长度 H /cm	计算比例系数 k_{vdh}^*	拟合比例系数 k_{vdh}^*	误差百分比① /%	计算比例系数 k_{vdv}^*	拟合比例系数 k_{vdv}^*	误差百分比① /%
S1	17.0	18.5	50	4.7	5.21	5.29	1.40	5.95	5.61	-5.65
S2	16.0	17.0	40	3.8	4.93	5.29	7.33	6.83	5.65	-17.34
S3	17.0	13.0	30	2.8	5.19	5.48	5.53	6.97	5.20	-25.41
S4	16.0	13.0	30	2.8	4.89	5.17	5.80	6.97	6.02	-13.66
S5	14.0	16.0	30	2.8	4.28	4.29	0.20	8.57	8.23	-4.03

续表 2-11

工况	实测爆腔水平半径 r_h /cm	爆腔垂向半径 r_v /cm	药量 /g	药包长度 H /cm	计算比例系数 k_{vdh}^*	拟合比例系数 k_{vdh}^*	误差百分比[①] /%	计算比例系数 k_{vdv}^*	拟合比例系数 k_{vdv}^*	误差百分比[①] /%
S6	14.5	16.0	30	2.8	4.43	4.58	3.29	8.57	7.91	-7.77
S7	14.0	16.5	30	2.8	4.28	4.15	-2.98	8.84	9.51	7.57
M1	20.7	22.7	100	9.5	6.38	6.40	0.39	3.65	3.51	-3.90
M2	20.5	22.4	100	9.5	6.32	6.41	1.50	3.60	3.26	-9.61
M3	20.2	21.2	100	9.5	6.23	6.04	-2.95	3.41	4.08	19.75
M4	19.8	23.6	100	9.5	6.10	5.76	-5.58	3.79	4.60	21.15
M5	19.4	24.6	100	9.5	5.98	6.08	1.67	3.95	3.72	-5.99
M6	19.0	23.0	100	9.5	5.86	5.18	-11.49	3.70	5.97	61.51
M7	18.7	22.5	100	9.5	5.76	5.59	-3.09	3.62	4.43	22.56

① 误差百分比=（拟合比例系数-计算比例系数）/计算比例系数×100%。

利用 MATLAB 拟合得到水平比例系数 k_{vdh}^* 和垂向比例系数 k_{vdv}^* 与土壤参数的关系为：

$$k_{vdh}^* = -3.545\rho_0^2 - 0.9065\rho_0 w + 0.005195w^2 + 22.4\rho_0 + 1.382w - 20.61 \quad (R^2 = 0.8711) \tag{2-27}$$

$$k_{vdv}^* = 18.73\rho_0^2 + 3.319\rho_0 w - 110.7\rho_0 - 5.707w + 139.3 \quad (R^2 = 0.7712) \tag{2-28}$$

式中，ρ_0 为爆前黄土湿密度，g/cm^3；w 为爆前黄土含水量,%。

从表 2-11 可以看出，k_{vd}^* 的拟合情况与 k_{vd} 的拟合情况相同，同样是水平比例系数 k_{vdh}^* 拟合得很好，在 14 个工况中，k_{vdh}^* 的计算值与拟合值之间的误差介于 -11.49%~7.33%；而垂向半径比例系数 k_{vdv}^* 的拟合效果差，误差介于-25.41%~61.51%。从决定系数 R^2=0.7712 也可以看出 k_{vdv}^* 拟合效果不佳。虽然近似性较大，但可仅用于初步估算爆腔尺寸，从而为炮孔的布置提供参考。

将式（2-23）和式（2-24）与式（2-27）和式（2-28）相结合，可以得到爆腔尺寸估算的近似计算公式：

$$r_h = (-3.545\rho_0^2 - 0.9065\rho_0 w + 0.005195w^2 + 22.4\rho_0 + 1.382w - 20.61)\sqrt{W/H} \tag{2-29}$$

$$r_v = (18.73\rho_0^2 + 3.319\rho_0 w - 110.7\rho_0 - 5.707w + 139.3)\frac{W}{r_0^2} \tag{2-30}$$

式中，r_h 为爆腔水平半径，cm；r_v 为爆腔垂向半径，cm；ρ_0 和 w 的含义和量纲同前；W 为 2 号岩石乳化炸药集中药包质量，g；H 为药包长度，cm；r_0 为集中药包水平半径，cm。

3 爆炸挤密黄土有限元数值模拟验证

采用爆炸挤密技术加固黄土，由于影响因素多，很难单纯通过试验来探究参数的影响规律。本章以试验为基础，通过有限元数值模拟方法对集中药包爆炸挤密黄土的效果进行数值模拟，并利用试验结果对建模以及材料参数取用方法的可靠性进行验证。

3.1 基本假设及有限元模型建立

本节将按照室外试验各工况的材料参数，采用有限元程序 ANSYS/LS-DYNA 建立有限元模型，验证采用有限元数值模拟方法模拟爆炸挤密黄土的可行性和可靠性。

3.1.1 基本假设

爆炸波在土体中的传播和对土体的挤密作用异常复杂，为便于研究，做如下基本假设：

（1）土体为连续性介质，因为爆炸荷载作用的时间很短，故可忽略其蠕变与松弛效应。

（2）土体中的非定常爆炸应力场和变形场只受爆炸能量的影响，即不考虑重力和其他力的影响，即假设土体是均质的。所谓均质是忽略了因重力作用而造成的不同高度土体密度的变化；且假设土体的物理和力学性质在各方向都相同。

（3）由于爆炸荷载作用于土体的时间极短，故假设爆炸作用的瞬间土体不会发生固结。

（4）把空气视为均匀的理想气体。所谓均匀，依然是忽略因重力作用而造成的不同高度空气密度的变化，而把爆前的大气密度当作常数；所谓理想气体，是忽略了爆源近区高温高压所引起的气体性质的变化。

3.1.2 有限元模型

为了与室外试验相匹配，用 ANSYS/LS-DYNA 建立的有限元模型包括炸药、土壤和空气三部分。模型采用的单位制为 cm-g-μs，则应力的单位为 10^{11} Pa，速度的单位为 10^4 m/s。考虑到整个模型的对称性，为了减少计算时间，取物理模型的 1/4 进行研究。由于炸药量有限，将无反射边界条件施加在模型底部和外侧，以模拟无限土体。有限元模型的组成、几何尺寸和边界条件设置如图 3-1 所示。

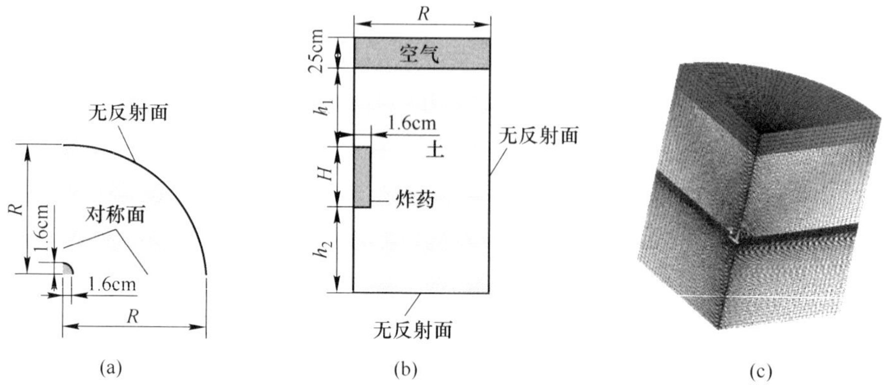

图 3-1　有限元模型

（a）横截面图；（b）立面图；（c）划分网格后的有限元模型

在图 3-1 中的炸药高度 H 由炸药的质量、密度和横截面尺寸决定。2 号岩石乳化炸药的净密度为 1.31g/cm^3，单个药管的半径为 1.6cm，则 100g、50g、40g 和 30g 对应的药包长度分别为 9.5cm、4.7cm、3.8cm 和 2.8cm。

对于小型室外试验，土体的半径 R 为钢筒的内半径，即 75cm。药包上、下土体的高度 h_1 和 h_2 都取 80cm，这样当取最大药量 50g 时，则模型的总高度为 164.7cm，小于用于小型试验的土体总高度 170cm。小型试验的其他 6 个工况有限元模型的几何尺寸均不会超过实际土体尺寸。

为了便于与小型试验模型的模拟结果进行综合分析，消除模型几何形状不同引起的计算误差，对于中型室外试验，不采用棱台模型或六面体模型，采用和小型试验模型形状一致的 1/4 圆柱体模型。考虑到试验土体的平面宽度，即爆破槽的宽度为 300cm，所以取模型的土体半径 $R=150$cm；爆破槽中用于试验的土体总高度为 200cm，100g 炸药的高度 $H=9.5$cm，则炸药上下的土体高度均取 95cm。

为了观察土体表面的是否受到爆炸冲击波的影响，需在土体上方设置空气。因为位于实际公路路堤填土上方的是路面结构层，爆炸挤密技术的加固对象是路堤，不希望对路面结构层产生有害影响，即使位于路面结构层最下面的底基层或垫层也不能有损伤破坏。而小规模爆炸挤密试验是不可能设路面结构层的，所以在建模时需建空气单元，用于观察土体顶层的变化。为了节省计算时间，空气高度不宜太大。实际上，模拟计算发现，在小规模爆炸挤密试验的土体上方加设与炸药埋深相等的空气，即小型试验 7 个工况的土体上方均加 80cm 空气，中型试验的土体上方加 100cm 空气，与不加任何空气的模型相比较，爆腔体积仅相差

0.1%。如果计入计算误差的影响，可以理解为空气对封闭爆炸几乎不产生影响(但对有自由面的爆炸是有影响的)。而达到爆腔稳定所需的时间，就本节所建有限元模型的几何尺寸而言，加空气比不加空气需多耗费约200μs，实际耗费机时会更长，以小时计，故如果无需观察上层土体的变化，可以不设空气。但如果设空气层，其厚度不宜过小，否则不仅达不到观察目的，还可能形成沙漏现象。依计算经验，空气最少应设3层单元。本模型空气单元高度取为5cm，共取5层单元高，即25cm。

炸药、土壤和空气都使用3D-SOLID164实体单元。因为本书建立的是三维有限元模型，在ANSYS/LS-DYNA的单元类型中，只有SOLID164和SOLID168可以用于三维实体建模；此外，这里模型模拟的是炸药在无限土体中的爆炸，因此设置了无反射边界条件，而这种边界条件只能用于三维实体单元[51]。而具有10节点的四面体单元SOLID168，适合处理不规则几何模型的网格划分，这里所建的炸药、土壤和空气都是规则模型，故最终选择了SOLID164单元。该单元由8节点组成，适用于显式结构动力分析的实体单元，它支持所有许可的非线性特性[52,53]。

在模型中，虽然炸药和土壤的初态都是固体，但在巨大的爆能作用下，炸药以及周围的土壤都会具有流体性质，而空气本身就是流体，计算流体力学多采用Euler方法，所以此模型采用Euler列式方法。该方法是在坐标系中选取固定不变的空间体元，在此即SOLID164单元，观察介质流经体元时各种参数随时间而变化的规律。在同一时刻，空间中不同体元之间也存在着差异，因此描述介质运动的各参数是空间和时间变量的函数$f(x, y, z, t)$。此时，对任一参量的全微商有如下的定义：

$$\frac{\mathrm{d}f}{\mathrm{d}t} = \frac{\partial f}{\partial t} + v_x \frac{\partial f}{\partial x} + v_y \frac{\partial f}{\partial y} + v_z \frac{\partial f}{\partial z} \tag{3-1}$$

式中，v_x，v_y，v_z分别为介质流经体元顶点（x，y，z）时的运动速度v在3个坐标轴上的投影分量；$\frac{\mathrm{d}f}{\mathrm{d}t}$为单位时间内介质参量$f$的变化，称做实质微商，它由两部分组成：$\frac{\partial f}{\partial t}$代表着只有时间发生变化而空间位置固定不变时参数$f$的变化，称局部微商，它反映了介质运动的非定常性；$v_x \frac{\partial f}{\partial x} + v_y \frac{\partial f}{\partial y} + v_z \frac{\partial f}{\partial z}$代表着只有空间位置改变而时间固定不变时参数$f$的变化，称做迁移微商，它反映了介质运动的不均匀性，如密度。

此处的迁移并不是网格的移动和变形，而是介质在相邻单元之间的输运，在输运的过程中，始终保持介质质量、动量和能量的守恒，因此Euler法中，划分单元的网格固定不变，是介质（或材料）在网格里流动，介质在流动过程中可以自动形成新的分界面。该方法源自流体力学，一般用于分析大变形问题。Euler法的缺点是很难捕捉固体材料的变形响应，因此一般不用于分析变形相对较小的问题。

对炸药均匀划分网格，1.6cm半径划分2等份，高度方向的份数视药包的高度而定，每层单元的高度约0.6cm。空气沿高度方向均匀划分网格，25cm空气共划分5层；径向采用渐变的网格划分，越靠近轴心网格越密。土壤的径向和高度方向也都采用渐变网格，越靠近炸药网格越小，这样便于捕捉和观察爆腔周围的土壤变化，也利于减少计算时间。为了捕捉到爆炸挤密的水平影响范围，靠近*R*最外端的5cm土壤按等间距划分，宽度为1cm。总而言之，土体径向和高度方向划分网格的数量与该方向的几何尺寸有关，不宜太多，也不宜太少。如果网格过多，单元尺寸过小，不仅耗时过长，受舍入误差影响还可能形成沙漏现象；如果网格过少，单元尺寸过大，会影响计算精度。合适的网格数量是经过试算，并与试验结果对比得到的。图3-1（c）所示为划分网格后的中型试验的模型图，土体半径为150cm，划分50份，比例为1∶5；炸药上下的土体高度都为95cm，也划分50份，比例为1∶5；沿土壤弧长划分40份，采用等间距。这样土体共划分241500单元，空气共划分10475单元，炸药为1520单元，共计253495个单元。

试算发现，各工况达到爆腔稳定所需计算时间为4400~6200μs，在此偏于保守地将计算时间均设为8000μs。但这并不是实际的计算机时，真正的耗时需视计算机的配置、模型大小、网格划分、迭代次数等多种因素决定，一般约需几个、十几个甚至几十个小时才能完成。

3.2　材料模型及基本参数

3.2.1　土壤

根据ANSYS/LS-DYNA理论手册[54]及文献［55］，土壤宜采用MAT_SOIL_AND_FOAM材料模型，该模型所描述的土壤具有一定的流体性质。

模型中材料的体积应变-压力关系曲线如图3-2所示。图中，压力为正，拉力为负，体积应变取相对体积（即当前体积与初始体积之比）的自然对数。该曲线假设压力弹性卸载到一个拉伸截止值（tension cutoff value）。图中的*VCR*为体积压溃选项，当*VCR*=1.0时，加载与卸载的路径相同；当*VCR*=0时，表示体积压溃选项处于开的状态，加载与卸载的路径不同，卸载时应该用体积卸载模量，且沿图中箭头所示的路径[54,56]。

材料模型中介质的屈服函数为：

$$\phi = J_2 - (a_0 + a_1 p + a_2 p^2) \tag{3-2}$$

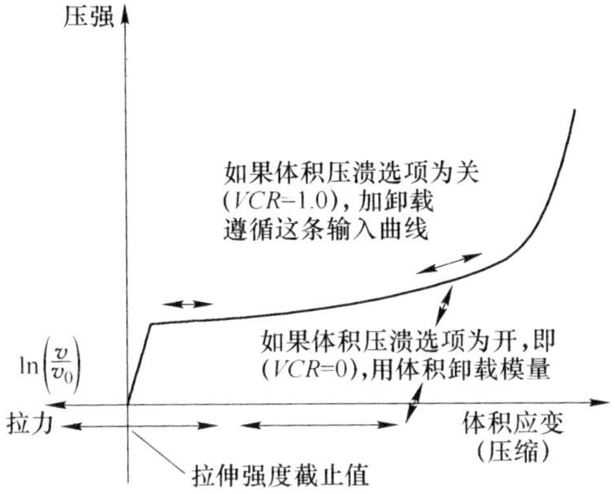

图 3-2 MAT_ SOIL_ AND_ FOAM 材料模型的
体积应变-压力关系曲线

式中，J_2 为第二不变量，从而 $J_2 = \frac{1}{2}s_{ij}s_{ij}$，$s_{ij}$ 是偏应力分量；a_0，a_1，a_2 为动力屈服常数，与土的内摩擦角 φ 和黏聚力 c 等有关[56]，需通过试验确定；p 为土壤受到的压应力。

按照 von Mises 屈服函数，在屈服面上，有

$$\phi = J_2 - \frac{\sigma_y^2}{3} \tag{3-3}$$

式中，σ_y 是材料的单轴屈服应力：

$$\sigma_y = [3(a_0 + a_1p + a_2p^2)]^{1/2} \tag{3-4}$$

在该屈服面上，没有应变硬化现象。

基于室外试验爆破前土样测得的土壤参数，得到模型中的主要土壤参数，列于表 3-1。

表 3-1 土壤的主要参数

工况	ρ_0 /g · cm^{-3}	剪切模量 G/MPa	体积模量 K/MPa	a_0/Pa^2	a_1/Pa	a_2
S1	1.85	32.1	48.18	3.76×10^8	7.90×10^3	0.042
S2	1.84	30.4	45.6	2.74×10^8	6.59×10^3	0.040
S3	1.81	29.0	43.48	1.19×10^8	3.94×10^3	0.033
S4	1.85	29.6	44.46	3.20×10^8	7.40×10^3	0.043
S5	2.01	41.9	62.88	4.75×10^8	4.07×10^4	0.087
S6	1.90	27.9	41.88	7.16×10^8	1.29×10^4	0.058

续表 3-1

工况	ρ_0 /g · cm^{-3}	剪切模量 G /MPa	体积模量 K/MPa	a_0/Pa^2	a_1/Pa	a_2
S7	1.92	24.6	36.92	8.15×10^8	1.47×10^4	0.066
M1	1.62	14.1	21.20	7.99×10^6	3.93×10^2	0.005
M2	1.65	13.0	19.53	1.32×10^7	6.84×10^2	0.009
M3	1.70	18.1	27.16	8.97×10^6	7.22×10^2	0.015
M4	1.76	27.0	40.44	1.35×10^7	1.10×10^3	0.022
M5	1.80	42.6	63.92	2.34×10^8	4.86×10^3	0.025
M6	1.85	29.9	44.86	3.26×10^8	7.45×10^3	0.043
M7	1.90	45.0	67.57	1.47×10^9	1.71×10^4	0.050

3.2.2　炸药

ANSYS/LS-DYNA 采用高能炸药燃烧材料模型 MAT_ HIGH_ EXPLOSIVE_ BURN 定义高能炸药，并用 JWL 状态方程描述炸药爆轰过程中的压力和比容关系[54]。本书也用该材料模型和状态方程来定义 2 号岩石乳化炸药。JWL 状态方程见式（3-5）[51,56]：

$$p = A\left(1 - \frac{\omega}{R_1 V}\right)e^{-R_1 V} + B\left(1 - \frac{\omega}{R_2 V}\right)e^{-R_2 V} + \frac{\omega E}{V} \tag{3-5}$$

式中，p 为爆轰产物压力；E 为单位体积炸药的内能；V 为爆轰产物体积与未爆炸的炸药体积之比，即相对体积；A、B、R_1、R_2、ω 为试验确定的材料常数。

有限元模型所用的 2 号岩石乳化炸药的主要材料参数见表 3-2[45,57~60]，其中 ρ_e 和 D_e 分别为炸药的密度和爆速。

表 3-2　炸药的主要材料参数

ρ_e/g · cm^{-3}	D_e/m · s^{-1}	p/GPa	A/GPa	B/GPa	R_1	R_2	ω	E/J · cm^{-3}
1.31	3200	9.9	214.4	0.182	4.2	0.90	0.150	4192

3.2.3　空气

ANSYS/LS-DYNA 用空物质材料模型 MAT_ NULL 来定义空气，并用线性多项式的状态方程描述空气的响应行为。其状态方程为[54]：

$$p = C_0 + C_1\mu + C_2\mu^2 + C_3\mu^3 + (C_4 + C_5\mu + C_6\mu^2)E \tag{3-6}$$

$$\mu = \frac{1}{V} - 1 \tag{3-7}$$

式中，p 为压强，Pa；$C_0 \sim C_6$ 为状态方程参数；V 为相对体积；E 为内能密度；μ 为与相对体积相关的变量。

相关的材料模型参数值见表 3-3。

表 3-3　空气的主要材料参数

空气密度 ρ_a/g · cm^{-3}	C_0	C_1	C_2	C_3	C_4	C_5	C_6	初始内能密度 E_0/J · cm^{-3}
1.293×10^{-3}	-1.0×10^{-6}	0.0	0.0	0.0	0.4	0.4	0.0	0.25

需要说明的是，当海拔高度在 1000m 以下时，可以使用表 3-3 的空气材料参数。超过此高度，空气的密度 ρ 不再是常数，空气介质的均匀性也不再成立，应根据实际情况确定材料参数[56]。

3.3　有限元数值模拟结果验证

为了与室外试验工况相匹配，本节共模拟了 14 种工况（含小型和中型试验各 7 种工况）。模拟计算结束后，用 LS-PREPOST 后处理程序提取模拟结果，进而从 1/4 爆腔体积、土壤密度、压应力峰值 3 个方面将数值模拟结果与室外试验进行对比，从而验证用 ANSYS/LS-DYNA 数值模拟爆炸挤密黄土技术是否可行和可靠。

3.3.1　1/4 爆腔体积

图 3-3 所示为模拟得到的工况 M1 在不同阶段的爆腔形状。为方便观察，将其由 1/4 爆腔镜像成 1/2 爆腔。

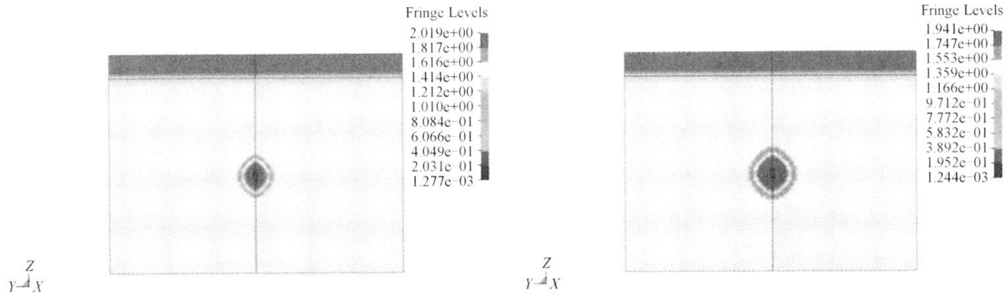

(a)　　(b)

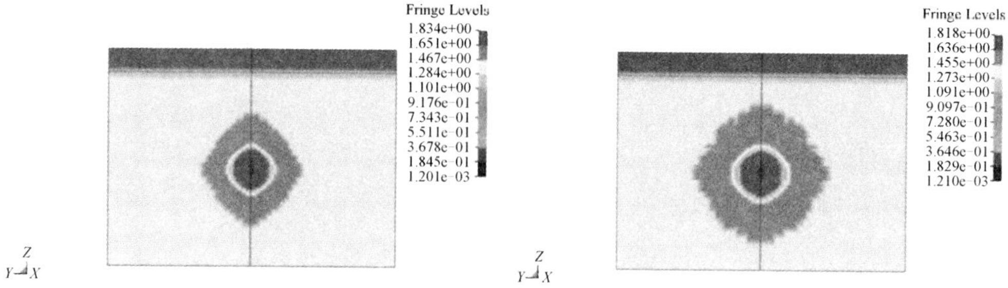

(c)　　(d)

图 3-3　M1 工况在不同时刻的爆腔形态

（a）1000μs 时的爆腔；（b）2000μs 时的爆腔；（c）4000μs 时的爆腔；（d）6000μs 时的爆腔

从图 3-3 可以看出，M1 工况的爆腔近似为两端稍尖的椭球体，这与试验后开挖出的爆腔形状是吻合的。其他工况相同。

从图 3-3 还可以看出，随着时间的延长，爆腔逐步扩大，这从各工况的爆腔-时间历程曲线（见图 3-4）可以更清楚地看出。

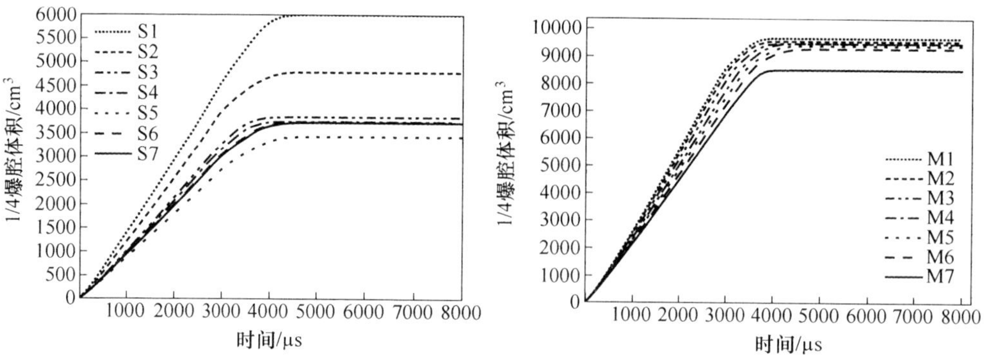

(a)　　(b)

图 3-4　模拟工况的 1/4 爆腔体积-时间历程曲线

（a）小型试验；（b）中型试验

如图 3-4 所示，爆腔体积开始增长迅速，随后增长缓慢，当爆腔扩大到一定程度后将不再扩大，即达到了稳定状态。还可以看出，工况 M1～M7 的爆腔体积大于 S1～S7 的爆腔体积，且 S1 的爆腔体积大于 S2 的，S2 的又大于 S3～S7 的，这说明药量越大，产生的爆腔体积越大。将图 3-4 与表 3-1 相结合可以看出，药量相同时，爆前土壤密度越大，产生的爆腔体积越小，这一点与室外试验实测的规律相同；同时还可以看出，爆腔在密度高的土壤中比在密度低的土壤中要花费更长时间才能达到稳定状态。为方便比较，将室外试验测得的爆腔尺寸与数值模拟得到结果共同列于表 3-4。

表 3-4 实测与模拟 1/4 爆腔体积对比

工况	S1	S2	S3	S4	S5
实测值/cm^3	5596.00	4555.09	3932.33	3483.31	3282.35
模拟值/cm^3	5995.47	4785.56	3845.31	3745.46	3430.00
相差百分比①/%	7.14	5.06	-2.21	7.53	4.50
工况	S6	S7	M1	M2	M3
实测值/cm^3	3520.99	3384.92	10180.64	9852.90	9054.14
模拟值/cm^3	3730.43	3723.41	9653.71	9541.53	9461.24
相差百分比/%	5.95	10.00	-5.18	-3.16	4.50
工况	M4	M5	M6	M7	
实测值/cm^3	9683.91	9690.52	8690.47	8235.20	
模拟值/cm^3	9460.70	9374.44	9271.46	8499.44	
相差百分比/%	-2.30	-3.26	6.69	3.21	

① 相差百分比=（模拟值-实测值）/实测值×100%。

从表 3-4 中的数据可以看出，实测与模拟的爆腔体积相差介于-5.18%～10.00%之间，因此模拟得到的爆腔体积具有一定的参考性。

为了更加直观，将爆腔体积的实测值与模拟值绘入图 3-5。

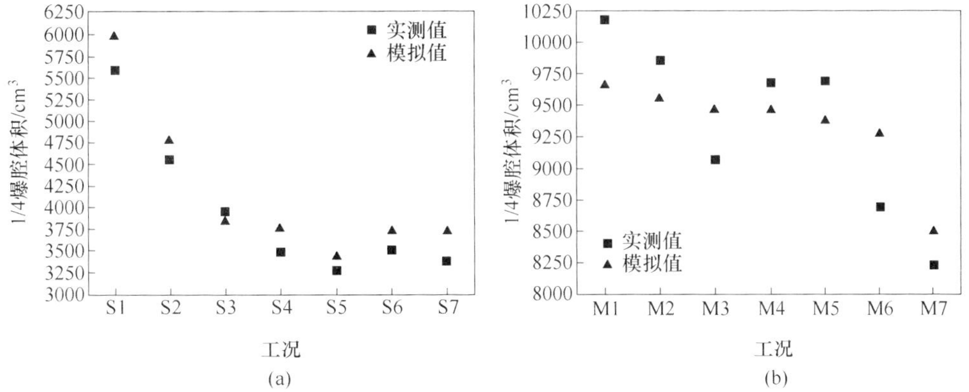

图 3-5 实测与模拟爆腔体积对比

（a）小型试验；（b）中型试验

从表 3-4 和图 3-5 可以看出，模拟计算结果与实测结果规律一致，数值差距不大，误差绝对值在 2.21%～10.00%范围内，从而验证了数值模拟分析结果是可靠的，可以据此进行爆炸挤密黄土影响规律的研究。

3.3.2 土壤密度

在模拟结果中，在与室外试验取土样相同的爆心距处提取土壤密度。表 3-5 列出了 14 个工况爆炸挤密后土壤密度的实测值和模拟值。

表 3-5　爆炸挤密后土壤密度实测值与模拟值对比

工况	爆前平均密度 ρ_0/g · cm^{-3}	至爆心距离 /cm	爆后实测湿密度 ρ/g · cm^{-3}	模拟爆后湿密度 ρ/g · cm^{-3}	相对误差 /%
S1	1.85	31.50	2.01	1.91	−4.98
		49.50	1.86	1.88	1.08
S2	1.84	30.00	2.03	1.89	−6.90
		45.00	1.85	1.86	0.54
S3	1.81	27.00	1.92	1.87	−2.60
		42.00	1.82	1.83	0.55
S4	1.85	31.00	2.05	1.89	−7.80
		47.00	1.86	1.87	0.54
S5	2.01	23.50	2.15	2.07	−3.72
		34.50	2.03	2.04	0.49
S6	1.90	25.75	2.07	1.96	−5.31
		37.75	2.04	1.93	−5.39
		48.75	1.90	1.92	1.05
S7	1.92	30.00	2.15	1.96	−8.84
		42.00	1.98	1.94	−2.02
		53.00	1.92	1.94	1.04
M1	1.62	40	1.700	1.684	−0.94
		50	1.682	1.657	−1.49
		60	1.671	1.646	−1.50
		70	1.634	1.639	0.31
		80	1.628	1.631	0.18
M2	1.65	40	1.701	1.713	0.71
		50	1.697	1.686	−0.65
		60	1.693	1.673	−1.18

续表 3-5

工况	爆前平均密度 ρ_0/g · cm^{-3}	至爆心距离 /cm	爆后实测湿密度 ρ/g · cm^{-3}	模拟爆后湿密度 ρ/g · cm^{-3}	相对误差 /%
M2	1.65	70	1.658	1.666	0.48
		80	1.654	1.659	0.30
M3	1.70	40	1.776	1.761	0.84
		50	1.765	1.7368	-1.60
		60	1.722	1.7249	0.17
		70	1.735	1.717	-1.04
		80	1.703	1.7089	0.35
M4	1.76	40	1.806	1.821	0.83
		50	1.802	1.796	-0.33
		60	1.796	1.785	-0.61
		70	1.769	1.776	0.40
		80	1.766	1.771	0.28
M5	1.80	40	1.881	1.86	-1.12
		50	1.851	1.835	-0.86
		60	1.821	1.824	0.16
		70	1.819	1.815	-0.22
		80	1.802	1.811	0.50
M6	1.85	40	1.922	1.908	-0.73
		50	1.896	1.885	-0.58
		60	1.871	1.874	0.16
		70	1.872	1.86	-0.64
		80	1.867	1.856	-0.59
M7	1.90	40	1.945	1.955	0.51
		50	1.939	1.926	-0.67
		60	1.917	1.92	0.16
		70	1.916	1.914	-0.10
		80	1.912	1.905	-0.37

从表 3-5 可以看出，模拟值与实测值吻合良好，这进一步说明仿真模拟爆炸挤密黄土是可行的，结果是比较可靠的。

鉴于表 3-5 仅在每个工况的少数几个取土位置给出了爆炸挤密后的模拟土壤湿密度，无法掌握爆腔周围土壤湿密度的分布情况，故图 3-6 所示为分工况给出爆炸挤密后爆腔周围土壤湿密度分布。为了便于比较，在图中也标注了实测点。

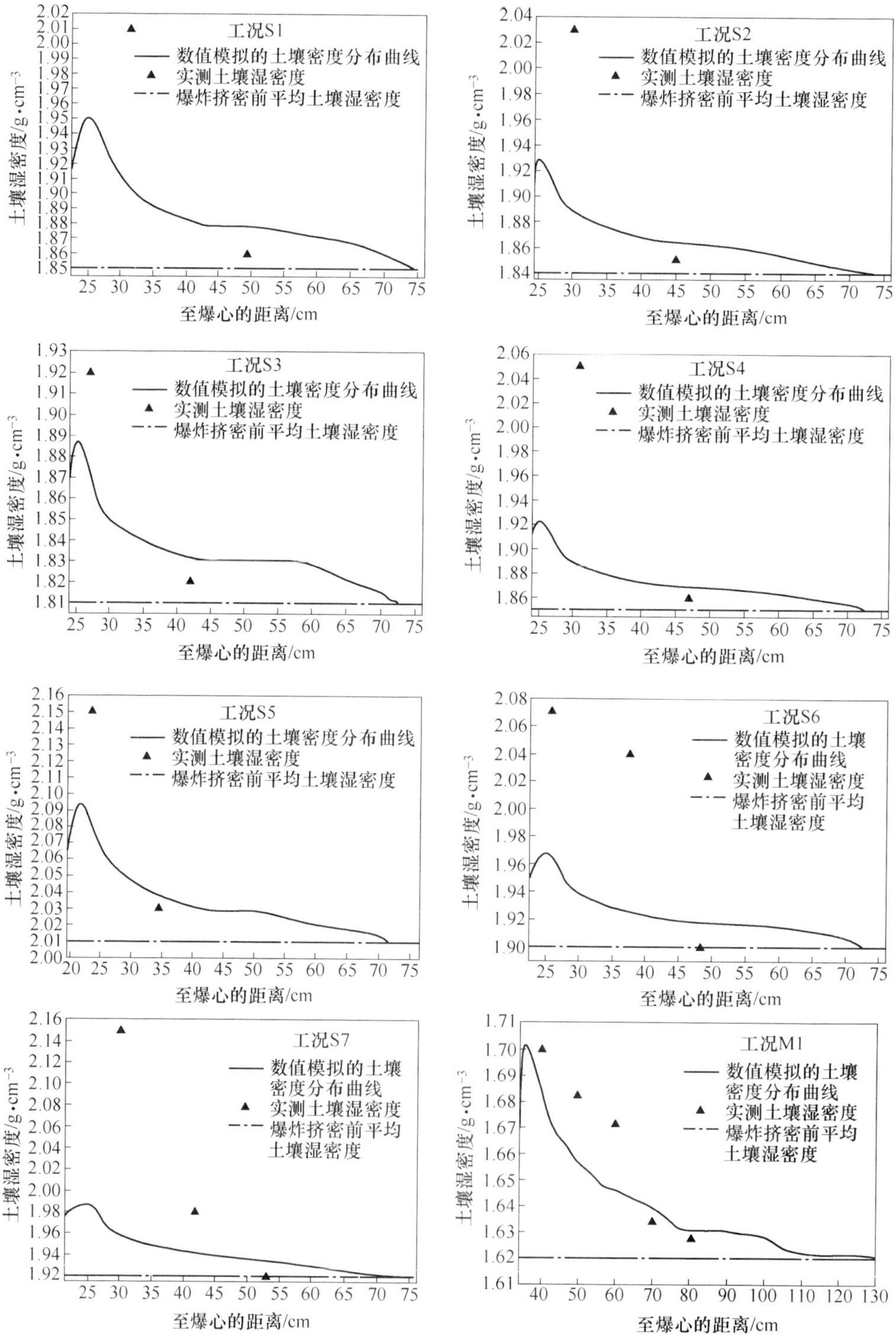
工况S1
数值模拟的土壤密度分布曲线
实测土壤湿密度
爆炸挤密前平均土壤湿密度
土壤湿密度/g·cm⁻³
至爆心的距离/cm
工况S2
数值模拟的土壤密度分布曲线
实测土壤湿密度
爆炸挤密前平均土壤湿密度
土壤湿密度/g·cm⁻³
至爆心的距离/cm
工况S3
数值模拟的土壤密度分布曲线
实测土壤湿密度
爆炸挤密前平均土壤湿密度
土壤湿密度/g·cm⁻³
至爆心的距离/cm
工况S4
数值模拟的土壤密度分布曲线
实测土壤湿密度
爆炸挤密前平均土壤湿密度
土壤湿密度/g·cm⁻³
至爆心的距离/cm
工况S5
数值模拟的土壤密度分布曲线
实测土壤湿密度
爆炸挤密前平均土壤湿密度
土壤湿密度/g·cm⁻³
至爆心的距离/cm
工况S6
数值模拟的土壤密度分布曲线
实测土壤湿密度
爆炸挤密前平均土壤湿密度
土壤湿密度/g·cm⁻³
至爆心的距离/cm
工况S7
数值模拟的土壤密度分布曲线
实测土壤湿密度
爆炸挤密前平均土壤湿密度
土壤湿密度/g·cm⁻³
至爆心的距离/cm
工况M1
数值模拟的土壤密度分布曲线
实测土壤湿密度
爆炸挤密前平均土壤湿密度
土壤湿密度/g·cm⁻³
至爆心的距离/cm

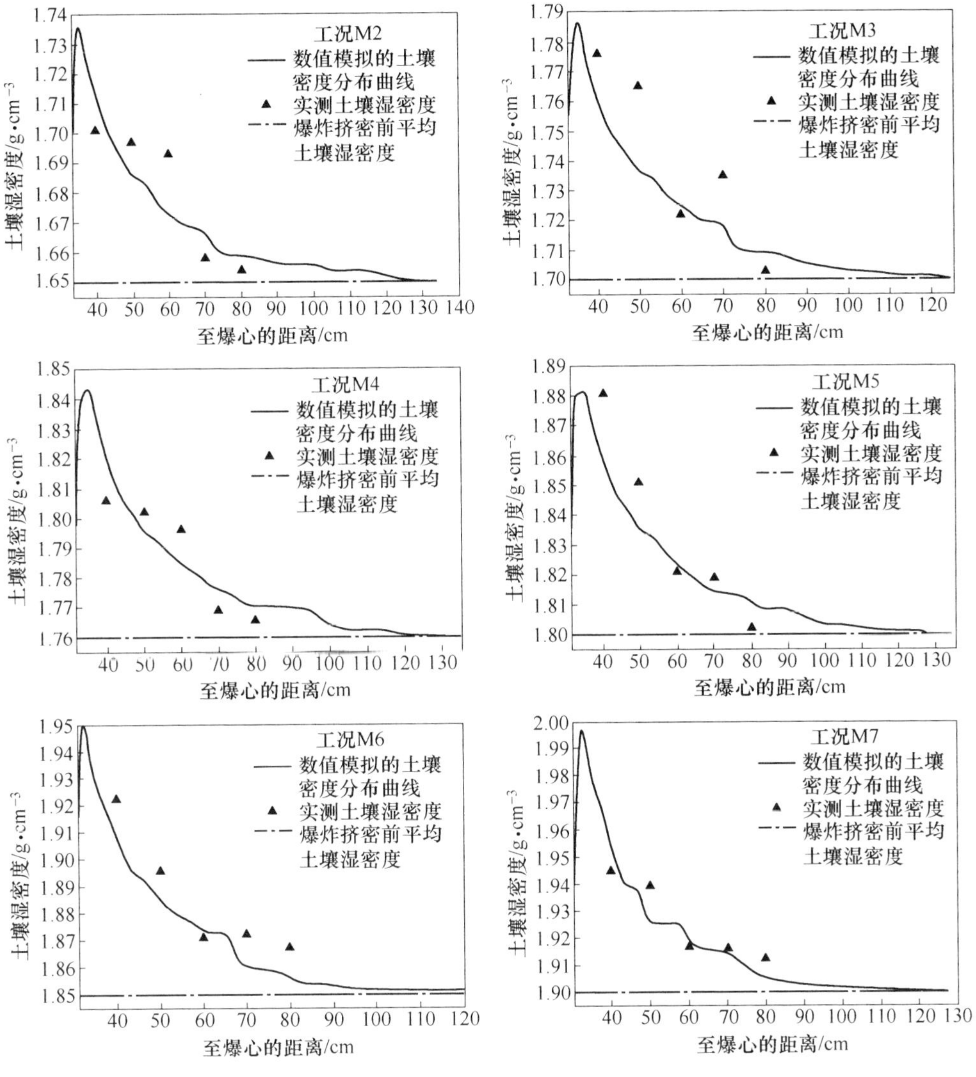

图 3-6 模拟和实测的各工况爆腔周围土壤湿密度分布

从图 3-6 可以看出，经过爆炸挤密，14 个工况的土壤密度较原来均有明显提高，且数值模拟值与实测值相差不大；14 个工况的土壤密度变化趋势一致，都先逐渐提高，直至峰值点，随后随着应力波在土中传播强度逐渐降低，土壤密度也逐渐减小，直至达到挤密前的初始湿密度；靠近爆腔处的土壤密度并不是最大，因为该处土体应力向爆腔有一定程度的释放。

如果把自爆心至土壤密度发生变化的最远点之间的水平距离定义为爆炸挤密的横向影响范围，也称为塑性变形水平半径。表 3-6 列出了各工况爆炸挤密的塑性变形水平半径，为便于寻找规律，该表同时列出了所用炸药量及土壤情况。

表 3-6　各工况爆炸挤密塑性变形水平半径

工况	炸药量 /g	爆前湿密度 ρ_0/g · cm^{-3}	含水量 w/%	压实度 k/%	塑性变形水平半径/cm	试验土体水平半径/cm
S1	50	1.85	16.17	84.71	74.50	75
S2	40	1.84	16.56	83.97	73.50	75
S3	30	1.81	16.32	82.77	72.50	75
S4	30	1.85	17.10	84.03	72.50	75
S5	30	2.01	16.35	91.89	71.50	75
S6	30	1.90	18.90	85.00	72.50	75
S7	30	1.92	20.60	84.68	72.50	75
M1	100	1.62	17.00	73.65	133.71	150
M2	100	1.65	19.00	73.75	133.71	150
M3	100	1.70	17.90	76.70	131.37	150
M4	100	1.76	15.70	80.91	129.94	150
M5	100	1.80	11.20	86.10	127.82	150
M6	100	1.85	17.00	84.11	128.41	150
M7	100	1.90	13.10	89.36	126.18	150

从表 3-6 可以看出，爆炸挤密黄土的塑性变形水平半径随着炸药量的增加而增加；在药量相同的情况下，该水平半径基本上与土壤的压实度成反比，如工况 S3~S6，M1~M7；当压实度相近，但湿密度和含水量不同的情况下（如工况 M1 和 M2），其塑性变形水平半径比较接近（虽然值相等，由于单元有一定宽度，实际值不一定相等）。

此外，从表 3-6 还可以看出，各工况的爆炸挤密塑性变形水平半径均未超出试验土体的水平半径。同时模拟和试验过程中，均未发现土壤顶部有隆起或裂缝出现，这说明各工况所用药量合理，且有限元模型的无反射边界条件设置合理。

3.3.3　作用于土壤的压应力峰值

爆炸挤密黄土过程中，爆炸波产生的作用于土壤的压应力大小是决定爆炸挤密效果的关键因素。将小型试验和中型试验共计 14 个工况埋设传感器位置的数值模拟爆炸挤密黄土压应力峰值以及实测的压应力峰值均列入表 3-7。其中中型试验的 7 个工况，每一处的压应力峰值都是两个传感器测量值的平均值。

表 3-7 爆炸挤密中土壤受到的压应力峰值对比

工况	爆前平均密度 $\rho_0/g\cdot cm^{-3}$	距爆心 /cm	模拟压应力峰值/MPa	实测压应力峰值/MPa	误差百分比① /%
S1	1.85	26	1.1163	1.2285	-9.14
		36	0.5067	0.4681	8.25
		46	0.4067	0.4356	-6.64
		56	0.2374	0.2259	5.10
S2	1.84	26	0.6542	0.7232	-9.53
		36	0.3114	0.2928	6.36
		46	0.1532	0.1459	4.99
		56	0.0846	0.0924	-8.43
S3	1.81	22	0.9268	0.8853	4.68
		32	0.2859	0.3147	-9.15
		42	0.1881	0.2016	-6.72
		52	0.1250	0.1141	9.54
S4	1.85	22	0.8732	0.8629	1.20
		32	0.3472	0.3761	-7.69
		42	0.1858	0.1765	5.25
		52	0.1054	0.1131	-6.80
S5	2.01	22	0.4212	0.4643	-9.28
		32	0.1902	0.2015	-5.61
		42	0.1164	0.1097	6.07
		52	0.0628	0.0692	-9.29
S6	1.90	22	0.6207	0.6052	2.56
		32	0.2843	0.2617	8.62
		42	0.1543	0.1706	-9.55
		52	0.1018	0.0945	7.77
S7	1.92	22	0.6065	0.6664	-8.99
		32	0.2885	0.3201	-9.87
		42	0.1851	0.1734	6.73
		52	0.0837	0.0767	9.09
M1	1.62	25	3.3555	3.4515	-2.78
		35	1.7149	1.6312	5.13
		45	1.0831	1.1528	-6.05
		55	0.7547	0.8336	-9.47

续表 3-7

工况	爆前平均密度 $\rho_0/g \cdot cm^{-3}$	距爆心 /cm	模拟压应力峰值/MPa	实测压应力峰值/MPa	误差百分比[①] /%
M2	1. 65	25	3. 2652	3. 0126	8. 39
		35	1. 6727	1. 7915	-6. 63
		45	1. 0656	1. 1539	-7. 65
		55	0. 7144	0. 7827	-8. 72
M3	1. 70	25	3. 0983	3. 0526	1. 50
		35	1. 6080	1. 7581	-8. 54
		45	1. 0275	0. 9703	5. 89
		55	0. 7095	0. 7300	-2. 80
M4	1. 76	25	2. 956	3. 0728	-3. 79
		35	1. 567	1. 4521	7. 88
		45	0. 988	0. 9356	5. 57
		55	0. 670	0. 6869	-2. 45
M5	1. 80	25	2. 9252	3. 0376	-3. 70
		35	1. 5168	1. 6523	-8. 20
		45	0. 9548	0. 8929	6. 93
		55	0. 6411	0. 6852	-6. 43
M6	1. 85	25	2. 7254	2. 6191	4. 06
		35	1. 4545	1. 5213	-4. 39
		45	0. 9166	0. 9822	-6. 68
		55	0. 6113	0. 5785	5. 68
M7	1. 90	25	2. 5850	2. 7837	-7. 14
		35	1. 3444	1. 2591	6. 78
		45	0. 8631	0. 8213	5. 10
		55	0. 5905	0. 6203	-4. 80

① 误差百分比=(模拟值-实测值)/实测值×100%。

从表 3-7 可以看出，14 个工况 56 个点位的数值模拟结果与实测值的误差均在 10%以内，可见模拟值与实测值吻合较好，说明用 ANSYS/LS-DYNA 模拟爆炸挤密黄土是可行、可靠的。

4 条形药包爆炸挤密黄土路堤规律研究

按照药包长度与直径（圆柱形）或边长（方柱形）之比，即长细比 φ 值的大小，工程爆破所用药包被分为两大类：一种是集中药包，如球形、立方体或近似各形状的药包；一种是条形药包，也称延长药包，俗称药卷。

在土石方工程中，多采用条形药包。一是由于受钻孔设备的限制，装药孔的直径较小，难以保证集中装药的方法；二是因为在有些工程中更加适合条形药包，如本书所研究的爆炸挤密公路黄土路堤的药包。对于 φ 值，目前尚未有统一规定，一般取 $\varphi>6\sim8$ 时为条形（延长）药包[61]；文献［62］认为当药包的最长边长大于最短边长或药柱直径的 4 倍时，称为条形（延长）药包；文献［11］、［63］和［64］认为当 $\varphi>6$ 时为条形药包；本书也将 $\varphi>6$ 定义为条形药包。

本章研究依然采用 2 号岩石乳化炸药，黄土为河北北部黄土，按照典型公路的结构组成以及所研究公路待加固路段路堤实际几何尺寸及材料参数建立模型，再用 ANSYS/LS-DYNA 分析等横截面不等长和等长不等横截面两类条形药包爆炸挤密黄土地区既有公路路堤的规律，旨在为采用爆炸挤密技术快速加固黄土地区既有公路路堤、制定钻孔平面布置方案提供借鉴和参考。

4.1 有限元模型建立

4.1.1 计算模型和几何参数

首先按照典型既有公路黄土路堤的结构组成和几何参数建模。由于沥青路面具有一定的弹性和塑性变形能力，使其能承受应变而不破坏，与汽车轮胎的附着力较好，减震性好，可使汽车行驶快速、平稳而噪声低等优点，高等级公路路面建设大多使用沥青路面，据统计沥青路面在我国公路中所占比例在 80%以上[65]。故根据《公路沥青路面设计规范》[66]的公路结构组成，建立爆炸挤密公路黄土路堤有限元模型。考虑到结构的对称性，为了节省机时，取 1/4 模型为研究对象，将通过圆心的模型面设为对称面，为了模拟无限土体、路面结构和空气模型的圆弧面、底面和顶面均设为无反射边界条件，如图 4-1 所示。

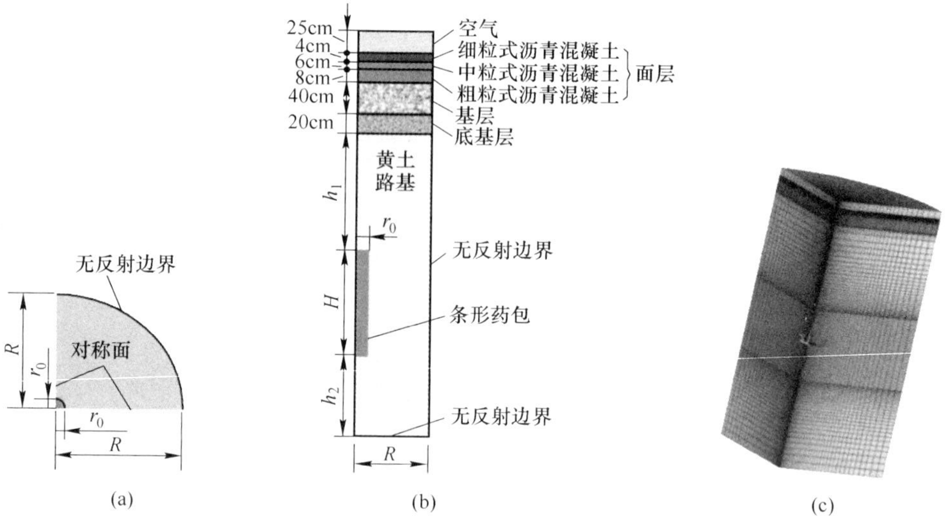

图 4-1　模型的结构组成和几何尺寸

（a）模型横截面图；（b）模型立面图；（c）5kg 药包工况划分网格后模型

公路沥青路面的路面结构层一般由 3 部分组成：即面层、基层和底基层。其中面层由细粒式沥青混凝土、中粒式沥青混凝土和粗粒式沥青混凝土组成，厚度一般分别为 4cm、6cm 和 8cm；基层一般由水泥稳定碎石构成，在此取其为 6%水泥稳定碎石，厚度为 40cm；底基层一般为水泥稳定碎石层或水泥石灰砂砾土，在此取 4%水泥稳定碎石，厚度为 20cm[66,67]。底基层的下面为黄土路堤，里面埋设条形药包。药包的半径为 r_0，高为 H。黄土水平半径 R、药包上面的土壤厚度 h_1 和药包下面的土壤厚度 h_2 与药包的尺寸及药量有关，三者取值应能涵盖爆炸产生的冲击波和应力波的影响范围，因此不会影响路面的底基层。模型的最上层依然取 25cm 厚的空气。

路面结构层的 5 种材料采用 Lagrange 网格划分，对土壤、炸药和空气由于在炸药爆炸过程中变形较大，采用 Euler 网格划分（与第 3 章相同），通过设定 *CONSTRAINED_LAGRANGE_IN_SOLID 关键字，将 Euler 网格与 Lagrange 网格进行耦合，从而实现爆炸波和能量在两种网格间的传递。划分网格后的模型如图 4-1（c）所示。

4.1.2　材料模型及参数

炸药、土壤、空气和路面结构层都采用 3D-SOLID164 实体单元。炸药和空气的材料模型、状态方程和材料参数均同第 3 章。

土壤的材料模型仍选用 MAT_SOIL_AND_FOAM，材料主要参数见表 4-1。

该黄土的含水量 $w=16.32\%$，内摩擦角 $\varphi=10.47°$，黏聚力 $c=11.15\text{kPa}$。

表 4-1 土壤的主要参数

湿密度 ρ_0 /g · cm^{-3}	剪切模量 G/MPa	体积模量 K/MPa	a_0/Pa^2	a_1/Pa	a_2
1.81	29.0	43.48	1.19×10^8	3.94×10^3	0.0327

路面、基层和底基层均选用 MAT_JOHNSON_HOLMQUIST_CONCRETE 模型（简称 JHC 模型）。JHC 模型是由 T. J. Holmquist、O. R. Johnson 和 W. H. Cook 等在第 14 届国际导弹会议上，针对混凝土材料在大变形、高应变率及高围压条件下提出的计算模型[68]。该模型中等效屈服强度是压力、应变率及损伤的函数，而压力是体积应变（包括永久压垮状态）的函数，损伤累积则是塑性应变、等效塑性应变及压力的函数。因其能较好地考虑压缩强度的压力相关性、应变率效应以及压缩损伤累积效应，从而得到广泛应用，且适合 ANSYS/LS-DYNA 软件中 Lagrange 和 Euler 网格单元下的数值模拟计算。

混凝土材料在爆炸冲击荷载的高温、高压条件下，新生裂纹出现并扩展，内部原有裂纹扩展，从而最终导致结构上不可逆大变形。故该模型适合模拟爆炸荷载作用下的混凝土材料。

混凝土 JHC 本构模型的状态方程在加、卸载条件下由线弹性区、塑性过渡区及完全密实材料区组成，其强度以等效应力标准值表示为[52,69]：

$$\sigma^* = \lfloor A(1-D) + BP^{*N}\rfloor \cdot [1 + C \cdot \ln(\dot{\varepsilon}^*)] \tag{4-1}$$

式中，A 为黏性强度标准值；B 为压强硬化标准值；C 为应变率系数；N 为压强硬化指数；D 为损伤度，为累积等效塑性应变与体积应变之和与断裂应变的比值，用式（4-2）表示；P^* 为无量纲压力标准值，$P^*=P/f'_c$，f'_c 为准静态单轴抗压强度；$\dot{\varepsilon}^*=\dot{\varepsilon}/\dot{\varepsilon}_0$ 为无量纲应变率；$\dot{\varepsilon}_0$ 为初始应变率，为 1.0。

$$D = \sum \frac{\Delta\varepsilon_p + \Delta\mu_p}{D_1(P^* + T^*)^{D_2}} \tag{4-2}$$

式中，$\Delta\varepsilon_p$，$\Delta\mu_p$ 为等效塑性应变和塑性体积应变；D_1，D_2 为材料常数；T^* 为最大静拉伸标准值，$T^*=T/f'_c$。

损伤强度 DS 定义为：当材料处于受压状态，即当 $P^*>0$ 时：

$$DS = f'_c \cdot MAX[SFMAX,\ A(1-D) + BP^{*N}] \cdot [1 + C \cdot \ln(\dot{\varepsilon}^*)] \tag{4-3}$$

式中，$SFMAX$ 为最大强度标准值。

当材料处于受拉状态，即当 $P^*<0$ 时：

$$DS = f'_c \cdot MAX\left[0,\ A(1-D) - A\left(\frac{P^*}{T}\right)\right] \cdot [1 + C \cdot \ln(\dot{\varepsilon}^*)] \tag{4-4}$$

当材料在受压过程中处于完全密实阶段，相应的压力可以表示为：

$$P = K_1\bar{\mu} + K_2\bar{\mu}^2 + K_3\bar{\mu}^3 \tag{4-5}$$

式中，K_1、K_2、K_3 分别为材料常数；$\bar{\mu}$ 为体积应变修正值，定义为：

$$\bar{\mu} = \frac{\mu - \mu_{lock}}{1 + \mu_{lock}} \tag{4-6}$$

式中，μ 为体积应变；μ_{lock} 为锁定体积应变。

HJC 本构模型的关键字中自带失效类型 FS。当 $DS<0$ 时，FS<0 表示失效；当 $P^* + T^* \leqslant 0$ 时，FS = 0 表示失效；当有效塑性应变大于 FS 时，FS>0 表示失效。

在钻孔取样、试验的基础上，结合文献［52］、［53］、［66］、［68］～［72］给出了公路沥青混凝土路面结构材料的主要参数，见表 4-2。

表 4-2　高等级公路沥青混凝土路面结构材料 JHC 模型主要参数

项目	面层			基层	底基层
	细粒式沥青混凝土	中粒式沥青混凝土	粗粒式沥青混凝土	6%水泥稳定碎石	4%水泥稳定碎石
密度 ρ/g · cm^{-3}	2.5	2.4	2.2	2.11	2
剪切模量 G/GPa	2.95	2.11	1.51	4.9	3.08
黏性强度标准值 A①	0.28	0.27	0.26	0.38	0.3
压强硬化标准值 B①	1.6	1.6	1.6	1.65	1.65
应变率参数 C①	0.007	0.007	0.007	0.007	0.007
压强硬化指数 N①	0.8	0.8	0.8	0.76	0.76
准静态单轴抗压强度 FC/MPa	4.3	4.1	3.8	4.9	4
最大静水压强 T/MPa	1.2	1	0.8	0.6	0.4

① 见文献［71］。

4.2　等横截面不等长条形药包爆炸挤密黄土路堤规律研究

本节所用的等横截面条形药包等效半径都为 2.26cm。2 号岩石乳化炸药通常以药管形式存在，常用的一种药管单支半径为 1.6cm，重 200g。本节的药包横截面取两支药管并排使用，在有限元模型中按横截面相等的原则将其等效成半径为 r_0 = 2.26cm 的圆柱形药包。

药包长度即图 4-1 立面图中的 H，由炸药质量、密度和等效半径共同确定。据条形药包重量的不同，本节共考虑 8 种工况：分别为 1kg、2kg、3kg、4kg、5kg、6kg、7kg 和 8kg。药包净密度为 1.31g/cm^3；计算得到 H 分别为 47.6cm、95.2cm、142.8cm、190.4cm、238.0cm、285.6cm、333.2cm 和 380.8cm。

取黄土路堤高度为 630cm，将条形药包的底端置于路堤底部。为了研究爆炸冲击波对药包下面黄土的影响，取图 4-1（b）中 h_2 = 300cm，土壤参数与其余部分的路堤土相同。取土体半径 $R=400$cm。

1~2kg 工况的计算时间设为 8000μs，3~5kg 工况设为 10000μs，6~8kg 工况设为 12000μs。

4.2.1 爆腔几何形状和尺寸

模拟得到的爆腔形状如图 4-2 所示。从该图可以看出，爆腔由三部分组成，上锥体、下锥体和中间的圆柱体。

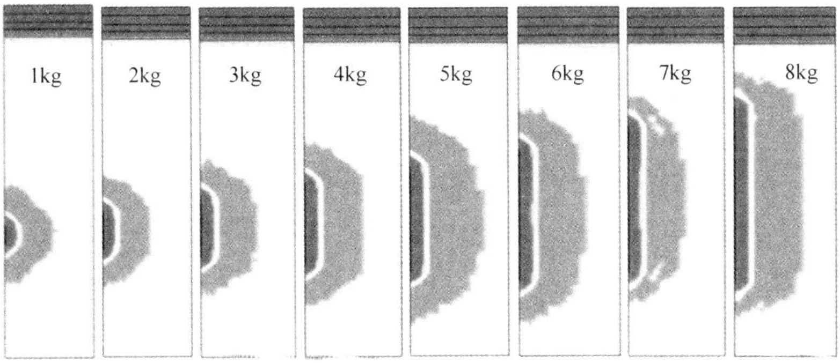

图 4-2 半径为 2.26cm 长度不等的条形药包产生的爆腔

各工况 1/4 爆腔体积及爆腔圆柱体半径见表 4-3。

表 4-3 1~8kg 条形药包产生的爆腔几何尺寸

药包质量/kg	1	2	3	4	5	6	7	8
1/4 爆腔体积/cm^3	31687.2	108031	159698	208955	247730	305524	339391	398877
爆腔稳定所需的时间/μs	7400	8000	9000	9200	10000	10600	11000	11800
爆腔圆柱体半径 r_1/cm	32.23	32.23	32.23	32.23	32.23	32.23	32.23	32.23

从表 4-3 可以看出，药包质量越大，产生的爆腔体积越大，且其达到稳定状态所需的时间越长。还可以看出，各工况产生的爆腔圆柱体部分的水平半径相同。这与第 2 章给出的条形药包爆腔半径的经验公式（2-4）吻合。

对于本章所研究的湿密度为 1.81g/cm^3、含水量为 16.32%的黄土，半径为 2.26cm 的 2 号岩石乳化炸药的条形药包，比例系数 $\bar{k}_{vd}=r_1/r_0=32.23/2.26=14.26$，符合第 2 章给出的范围 $12\leq\bar{k}_{vd}\leq25$。对于其他半径的条形药包以及当黄土参数发生变化后，$\bar{k}_{vd}$ 的取值还需进一步研究，具体见后面的章节。需要特别说明的是，即使土壤参数相同，2 号岩石乳化炸药的药包直径也相同，当药包的长细比不满足条形药包要求时，$\bar{k}_{vd}$ 并不一定等于 14.26。例如，当相同直径的药包质量为 0.5kg 时，药包长度 H 为 23.7cm，其长细比 $H/d=23.7/(2\times2.26)=$

5.24 < 6，但满足文献［62］规定的长细比限值 4，该药包产生的爆腔半径 $r_1 =$ 28.04cm，此时 $\bar{k}_{vd} = 12.41$。由此得出所取的条形药包的长细比限值 6 是合理的。

而式（2-5）中的 $\bar{k}_{vd}^* = r_1/\sqrt{W} = \frac{0.3223}{\sqrt{8}} \sim \frac{0.3223}{\sqrt{1}} = 0.114 \sim 0.3223\text{m}/\sqrt{\text{kg}}$。显然，该式具有更强的近似性。

1/4 爆腔体积随时间的发展过程如图 4-3 所示。

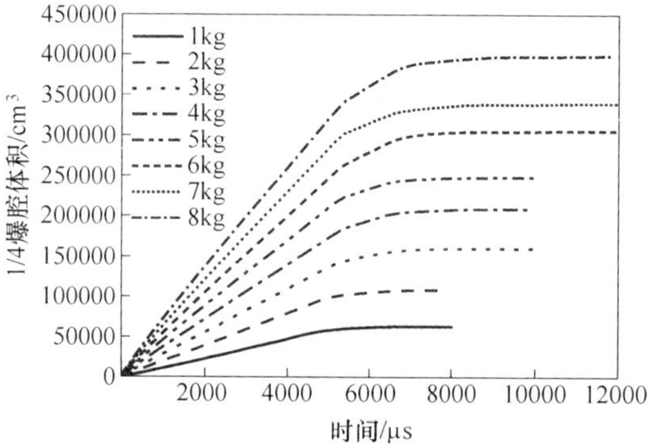

图 4-3　1/4 爆腔体积与时间的关系曲线

从图 4-3 可以看出，爆腔在爆炸初期增长迅速，然后增长趋势变缓，并最终趋于稳定。

1/4 爆腔体积与药量的关系如图 4-4 所示。将模拟结果以 95%的置信度用 MATLAB 进行线性拟合，得到二者的关系式：

$$\frac{V}{4} = 50040W - 194.5 \quad (R^2 = 0.9932) \tag{4-7}$$

式中，V 为爆腔体积，cm^3；W 为 2 号岩石乳化炸药的条形药包质量，kg。

从式（4-7）可以看出，爆腔体积与药包质量呈线性关系。该关系可用于预估爆腔体积，从而合理准备爆腔填料的土石方量。

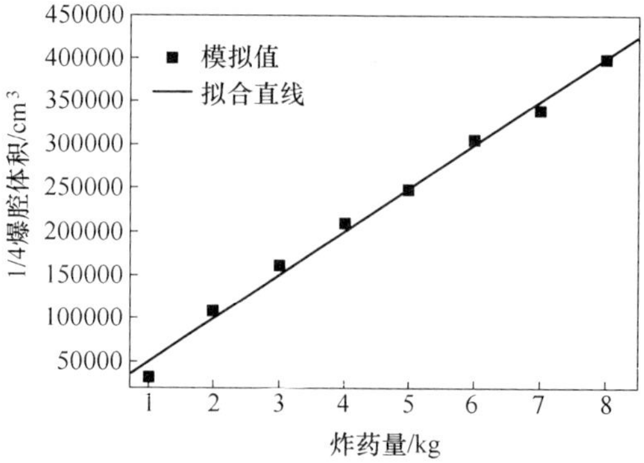

图 4-4　1/4 爆腔体积与药量的关系

4.2.2 作用于炮孔壁的初始压应力峰值

从文献［46］、［48］、［49］、［73］对爆炸挤密机理的分析可知，作用于炮孔壁处的初始压应力峰值 σ_m 以及应力波的衰减指数 α 对确定爆腔半径、爆炸挤密土体的范围和程度都非常重要，故下面对二者进行分析。

选取各工况药包中心点所对应的炮孔壁处土壤单元，提取其初始压应力峰值 σ_m。例如，4kg 工况的孔壁单元位置及所受到的压应力及其时间历程曲线如图 4-5所示。

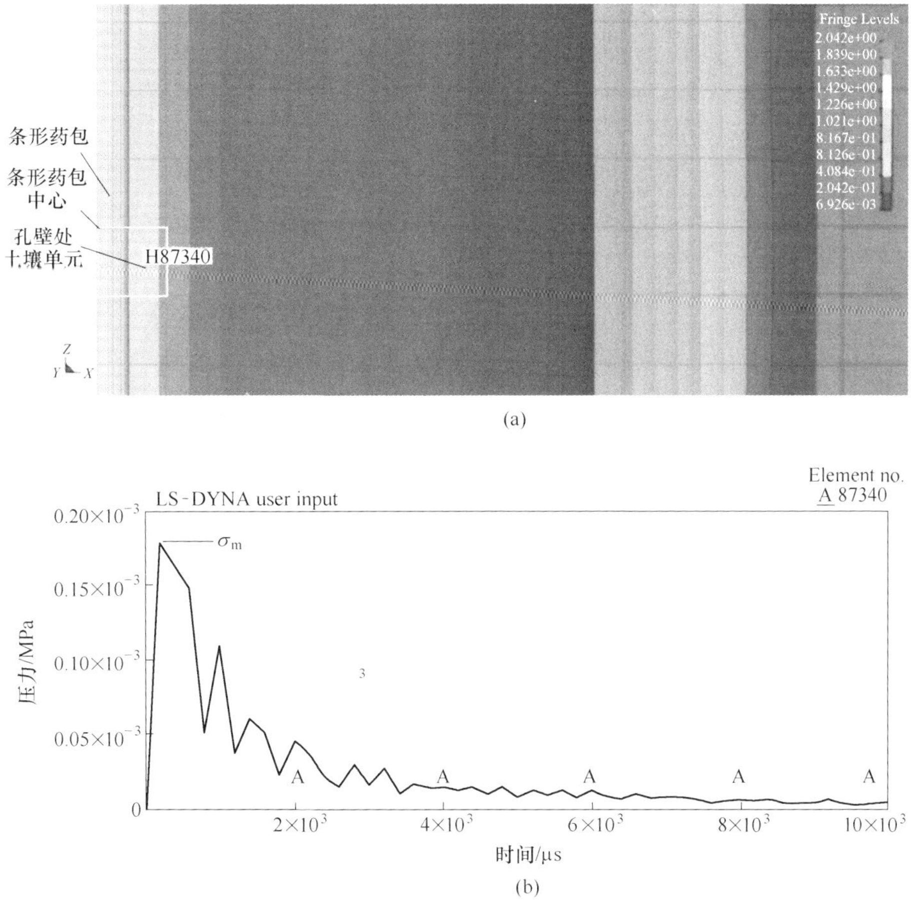

图 4-5 4kg 工况孔壁处选取单元位置（a）及其初始压应力峰值 σ_m 及应力-时间历程曲线（b）

从图 4-5(b)可以看出，孔壁处在受到 σ_m 后迅速衰减。其在衰减过程中所释放的能量即用于压缩土体做功，从而形成爆腔，挤密土体。

将各工况条形药包炮孔壁处所受到的初始压应力峰值 σ_m 列入表 4-4。

表 4-4　等横截面不等长条形药包各工况作用于炮孔壁处的初始压应力峰值 σ_m

药量/kg	1	2	3	4	5	6	7	8
σ_m/MPa	92.66	92.00	91.91	92.17	92.41	92.70	91.93	92.57

从表 4-4 可以看出，各工况的 σ_m 近似相等。这是由于药包横截面相同，从而单位长度的药量相等，且周围土体参数完全相同。因而可取表 4-4 中数据的平均值，作为横截面半径 $r_0=2.26$cm 的 2 号岩石乳化炸药的条形药包作用于炮孔壁处的初始压应力峰值，即 $\sigma_m=92.2929$MPa。

至于 σ_m 与单位长度药量的关系，见本章 4.3 节；σ_m 与周围土壤参数的关系，详见第 5 章。

4.2.3　应力波衰减指数

文献［46］认为，无论条形药包还是集中药包，压力波在药包附近都是冲击波；对于集中药包，在相对爆心距 $\bar{r}=r/r_0=10\sim15$ 处（其中 r 为至爆心距离，r_0 为药包半径），冲击波阵面消失；而对于条形药包，在 $\bar{r}=r/r_0=20\sim30$ 甚至更远的地方才消失。应力波的衰减也不同。也就是说，条形药包的压力波强度随距离的衰减没有集中药包显著，此外，衰减所需时间更长。因此，有必要研究条形药包在黄土中应力波的衰减规律。

提取 1~8kg 工况药包周围土壤各点的压应力峰值，绘于图 4-6。

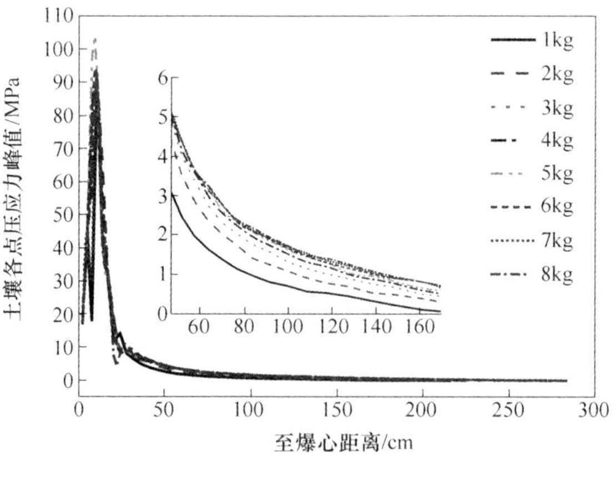

图 4-6　等横截面不等长条形药包周围土壤的压应力峰值分布

从图 4-6 可以看出，药包周围土壤所受到的压应力峰值大小和分布趋势相近。但从局部放大图可以看出，尽管各工况单位长度的药量相同，周围土壤参数也相同，但应力波的衰减速度却不同，总体药量越小的工况，应力波衰减得越快。药量大的几个工况，随着应力波传播距离的增大，压应力峰值分布曲线有趋同趋势。

确定应力波衰减指数 α 时，对各工况需要去除前面几个单元跳跃性非常大的冲击波，将后面各单元的应力波及相对爆心距取对数后以 95% 的置信度用 MATLAB 拟合，得到应力波衰减指数 α，见表 4-5。

表 4-5 等横截面条形药包 1~8kg 工况应力波衰减指数拟合

药量/kg	$\ln\frac{r_i}{r_0}$ 与 $\ln\sigma_{r_i}$ 拟合关系式	决定系数 R^2	衰减指数 α
1	$\ln\sigma_{r_i} = 8.089 - 2.319\ln\frac{r_i}{r_0}$	0.9648	2.319
2	$\ln\sigma_{r_i} = 7.784 - 2.115\ln\frac{r_i}{r_0}$	0.9433	2.115
3	$\ln\sigma_{r_i} = 7.319 - 1.922\ln\frac{r_i}{r_0}$	0.9592	1.922
4	$\ln\sigma_{r_i} = 7.27 - 1.893\ln\frac{r_i}{r_0}$	0.9257	1.893
5	$\ln\sigma_{r_i} = 7.142 - 1.829\ln\frac{r_i}{r_0}$	0.9430	1.829
6	$\ln\sigma_{r_i} = 7.22 - 1.835\ln\frac{r_i}{r_0}$	0.9448	1.835
7	$\ln\sigma_{r_i} = 7.326 - 1.855\ln\frac{r_i}{r_0}$	0.9524	1.855
8	$\ln\sigma_{r_i} = 7.426 - 1.871\ln\frac{r_i}{r_0}$	0.9567	1.871

从表 4-5 可以看出，等横截面条形药包 1~8kg 工况的 $\alpha = 1.829 \sim 2.319$，其中 2kg 以上工况的 α 都小于表 2-9 集中药包的最大 α，可见条形药包的应力波衰减花费的时间比集中药包更多，这与文献［46］的结论相符。显然，α 值在 1~4kg 工况与药量成反比；在 4~8kg 工况，衰减指数尽管有点波动，但总体比较稳定，故可取该 5 个工况的平均值 1.8566 作为药包半径为 2.26cm，4kg 及以上 2 号岩石乳化炸药条形药包爆炸挤密初始湿密度为 1.81g/cm^3，含水量为 16.32% 的压实黄土的应力波衰减指数。

4.2.4 爆炸挤密黄土路堤塑性变形水平半径

下面以 4kg 药包的数值模拟为例，来说明爆炸挤密过程中，药包周围土体密度的变化过程。选取爆腔周围 12 个单元的土体，如图 4-7（a）所示。各单元土壤密度随时间的变化曲线如图 4-7（b）所示。

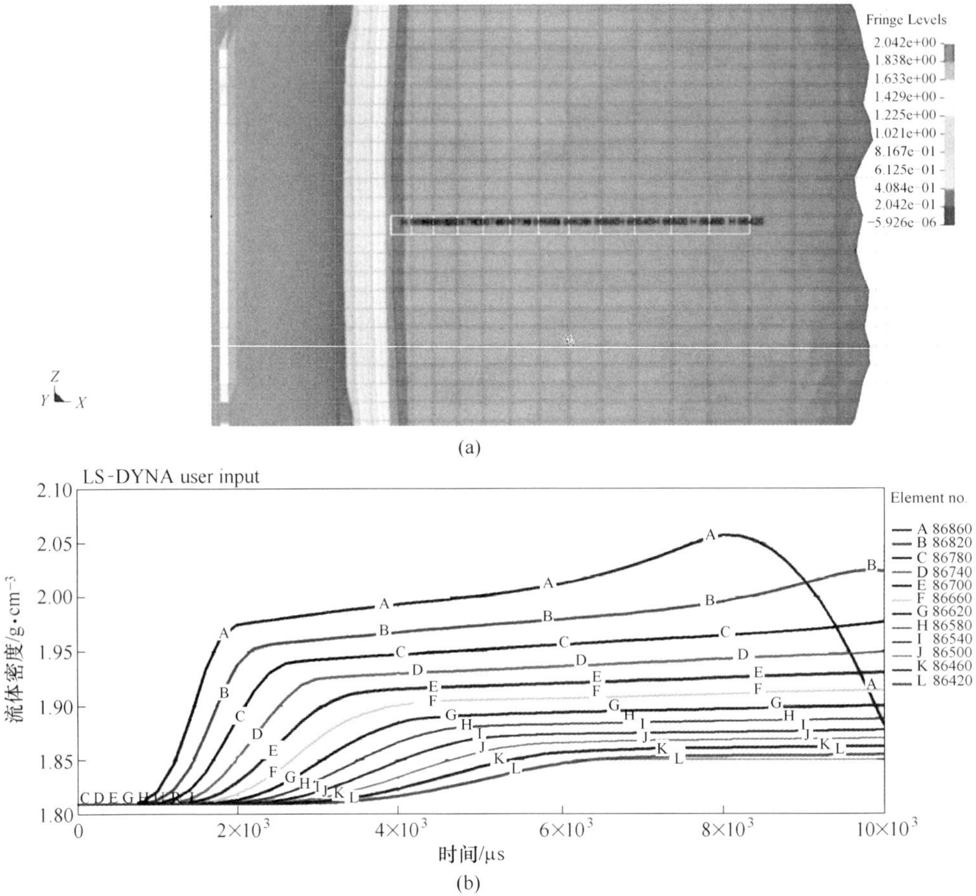

图 4-7　半径为 2. 26cm 的 4kg 条形药包周围土壤分布云图
及选取部分单元（a）和土壤密度-时间曲线（b）

从图 4-7 可以看出，所选单元土壤密度都先依次迅速增加，然后缓慢增加。其中靠近爆腔单元（如图中 A 即 86860 单元）在密度达到峰值后迅速回落，这是由于该部分土壤中压应力向爆腔方向释放，致使稳定后的密度很低。从图 4-7（a）可以看出，在 86860 单元与爆腔之间，还有两层单元。为了让图 4-7（b）更清楚，没有一一选取。在挤密过程中，它们的压应力峰值更大，但稳定后的密度却更低。随着单元爆心距（即该单元形心至爆心的距离）的增加，在土壤密度达到一定值后趋于稳定。而且爆心距越大，稳定后的单元密度越低。其中 B 即 86820 单元，稳定后的土壤密度最大，为密度峰值点。

取药包中心横截面所对应的土体，逐一选择土体单元，提取各单元爆炸挤密稳定后的土壤密度，得到爆腔周围黄土的密度分布，如图 4-8 所示。

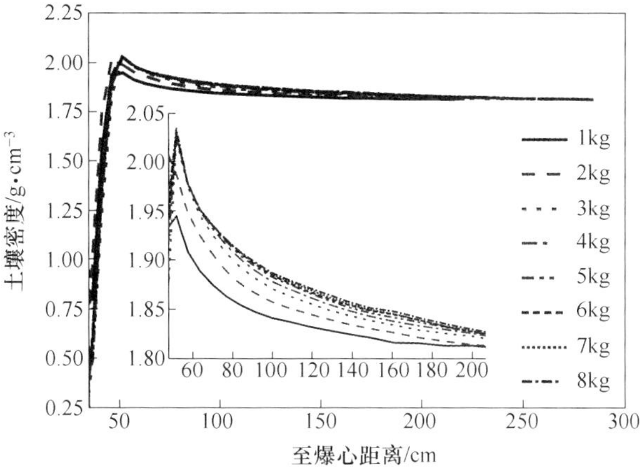

图 4-8 半径为 2.26cm 的条形药包爆炸挤密周围黄土密度分布

从图 4-8 可以看出，药包附近的土体密度非常低，然后迅速增加，直至到达密度峰值点。对等横截面不等长的条形药包来说，各工况爆炸挤密后的密度峰值在药量较小时随着药量的增加其增幅较大；但在药量较大时，随着药量的增加，峰值增幅越来越小。密度峰值点爆心距尽管开始也随着药量的增加而增大，但很快趋于稳定。在经过密度峰值点之后，随着爆心距的增加，土壤密度逐渐降低，直至恢复到爆前的初始湿密度。密度变化的最远点即为爆炸挤密黄土塑性变形水平半径。从图 4-8 的局部放大图可以看出，对等横截面不等长的条形药包来说，各工况爆炸挤密黄土塑性变形水平半径虽然开始有随着药量的增加而增大的趋势，但很快趋于相近。将各工况的密度峰值点及其位置、黄土最大压缩比 η_{max} 以及塑性变形水平半径等作为爆炸挤密后的特征值列入表 4-6，上述规律更加明显。

表 4-6 半径为 2.26cm 的不等长条形药包爆炸挤密后黄土密度特征值

药包质量/kg	1	2	3	4	5	6	7	8
密度峰值/MPa	1.94	2.01	2.02	2.02	2.03	2.03	2.03	2.03
黄土最大压缩比	1.07	1.11	1.12	1.12	1.12	1.12	1.12	1.12
密度峰值点爆心距/cm	46.44	51.78	51.78	51.78	51.78	51.78	51.78	51.78
塑性变形水平半径/cm	215.43	231.33	266.17	285.24	285.24	285.24	285.24	285.24
$r_2/r_0$①	95.32	102.36	117.77	126.21	126.21	126.21	126.21	126.21

① r_0 为药包半径，cm。

从表 4-6 可以看出，半径为 2.26cm 的条形药包，爆炸挤密黄土路堤的最大密度提高百分比在 7.4%～12.3%范围内；塑性变形水平半径与药包半径之比介于 95.32～126.21 之间，最后稳定于 126.21。

文献［74］根据土塑性力学理论得到的条形药包在土中爆炸挤密土体的塑性区半径 r_2 为：

$$r_2 = r_0\left(\frac{\sigma_m}{c\cos\varphi}\right)^{\frac{1}{\alpha}} \tag{4-8}$$

式中，σ_m 为炮孔壁处初始压应力峰值；r_0 为炮孔半径；α 为衰减指数；c 为土的黏聚力；φ 为土的内摩擦角。

从式（4-8）可知，爆炸挤密黄土路堤塑性变形水平半径或塑性区半径与条形药包半径 r_0、土壤的内摩擦角 φ、黏聚力 c、作用于炮孔壁的初始压应力 σ_m 和应力波衰减指数 α 有关。

将表 4-4 的 σ_m、表 4-5 的 α 以及药包半径和土壤参数代入式（4-8）得爆炸挤密黄土塑性变形水平半径理论值 r_2'，将该结果与模拟值 r_2 一同列入表 4-7。

表 4-7　半径为 2.26cm 条形药包爆炸挤密黄土路堤塑性变形水平半径理论值与模拟值比较

药包质量/kg	1	2	3	4	5	6	7	8
理论值 r_2'/cm	111.57	161.97	248.60	267.56	316.65	312.11	294.63	283.67
模拟值 r_2/cm	215.43	231.33	266.17	285.24	285.24	285.24	285.24	285.24
误差百分比①/%	93.09	42.83	7.07	6.61	-9.92	-8.61	-3.19	0.55
条形药包长细比	11	21	32	42	53	63	74	84

① 误差百分比＝（r_2-r_2'）/r_2'×100%。

从表 4-7 可以看出，1～2kg 药包的理论值与模拟值之间相差非常大，尤其是 1kg 药包，误差竟达 93.09%。但随着药包的延长，误差有缩小的趋势，尤其是 3kg 以后，误差明显减小，其误差绝对值介于 0.55%～9.92%之间。这说明随着药包长细比的增加，条形药包爆炸挤密黄土路堤更加接近平面应变问题，因而当条形药包的长细比满足一定要求时，可以用式（4-8）计算塑性变形水平半径。由于尚未有文献对满足要求的长细比做出规定，将表 4-6 与表 4-7 的计算结果相结合，再考虑到模拟得到的药量大等于 4kg 的条形药包产生的 r_2 保持稳定，故将满足平面应变假设的条形药包长细比定为 42。

4.2.5　爆炸挤密黄土路堤塑性变形程度

如前所述，爆炸挤密后土体的塑性变形程度，常用爆后土密度与爆前土密度之比，即压缩比 η 来衡量。

由图 4-8 可以看出，当半径为 2.26cm 的条形药包质量大于等于 4kg 时，各点的密度值非常接近，取 4~8kg 工况密度峰值点右面各点的平均密度值，如图 4-9 所示。

从表 4-6 可知，密度峰值点对应的 $r_{\rho_{max}}$ = 51.78cm，与药包半径 r_0 之比为 22.91，其平均最大压缩比 $\overline{\eta}_{max}$ = 1.121。

将图 4-9 中平均密度的纵坐标转换成压缩比 η，再将横、纵坐标分别取自然对数，得到图 4-10 中的点线图。

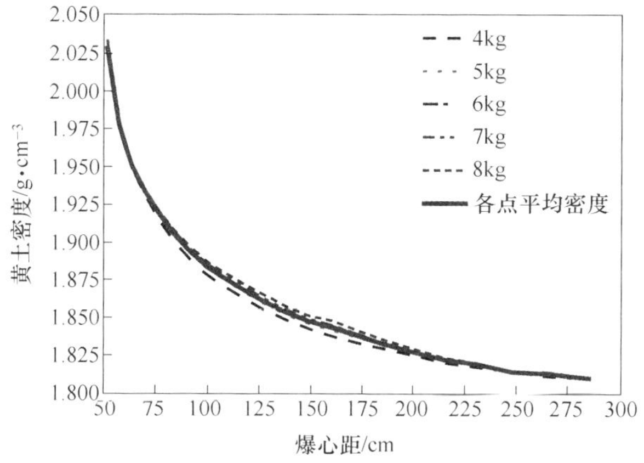

图 4-9　半径为 2.26cm 的 4~8kg 药包爆炸挤密黄土路堤的密度及平均密度分布

对该点线图用 MATLAB 以 95%的置信度进行拟合，发现 $\ln\eta_i$ 与 $\ln r_i$ 之间依然服从指数函数关系（见图 4-10）：

$$\ln\eta_i = 79.82e^{-1.667\ln(r_i)} \quad (R^2 = 0.9877) \tag{4-9}$$

式中，r_i 为各点爆心距，cm；η_i 为爆心距 r_i 点的黄土压缩比。

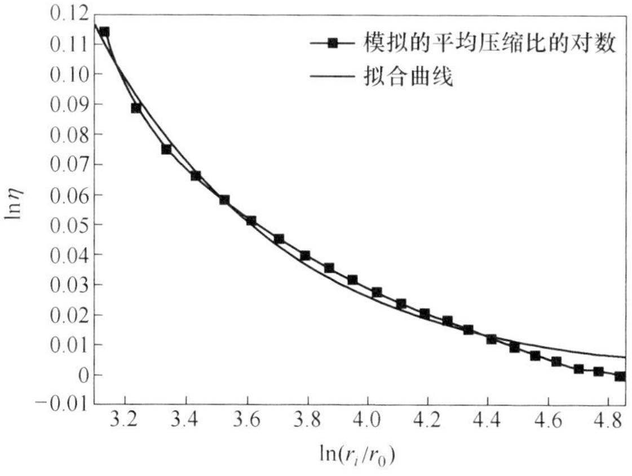

图 4-10　半径为 2.26cm 的 4~8kg 药包爆炸挤密黄土的压缩比对数分布

4.2.6　爆炸挤密黄土路堤垂向影响范围

药包顶端上部以及底端下部黄土的密度分布如图 4-11 所示。

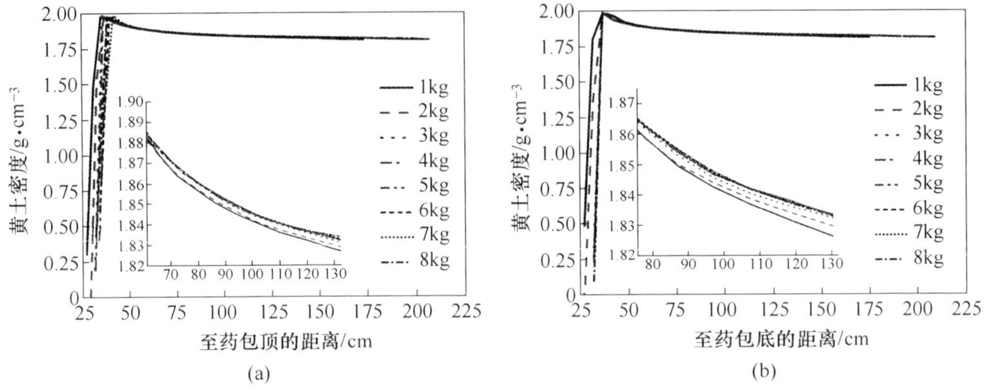

图 4-11　半径为 2.26cm 的 1~8kg 药包爆炸挤密黄土路堤药包上方（a）和下方（b）黄土密度分布

从图 4-11 可以看出，药包上下方的黄土在爆炸挤密后的密度分布非常相似，都是靠近爆腔处密度非常低，然后迅速增长到密度峰值点，随后缓慢降低，直至爆炸之前的土体密度。从图 4-11（a）（b）两图的局部放大图可以看出，1~2kg 炸药的土体密度在峰值点之后下降较快；3~8kg 药包的下降趋势近乎相同。这从表 4-8 的爆炸挤密垂向影响范围也可以看出。

表 4-8　半径为 2.26cm 条形药包爆炸挤密黄土路堤垂向影响范围

药包质量/kg	1	2	3	4	5	6	7	8
上影响范围 h_{ta}/cm	173.26	174.04	206.91	207.02	208.02	205.05	203.28	205.75
下影响范围 h_{ba}/cm	174.73	174.73	210.06	210.06	210.06	210.06	210.06	210.06
下有效影响范围 h_{bed}/cm	38.82	39.12	40.94	41.28	41.99	41.92	42.12	42.35

首先，确定半径为 2.26cm 条形药包爆炸挤密黄土路堤的上影响范围 h_{ta}。在使用爆炸挤密技术快速加固黄土地区既有公路路堤的过程中，要避免爆炸波危及路堤上面路面结构层的安全，因而确定条形药包上方的爆炸挤密影响范围（即最上方影响点至药包顶的距离）h_{ta}就显得非常重要。从表 4-8 可以看出，1~2kg 药包的 h_{ta}较小，在药包上方 173.26~174.04cm 范围内；3~8kg 药包的 h_{ta} 比较接近，在 203.28~208.02cm 之间。为了确保路面结构层的安全，在此偏于保守地取最大值作为半径，为 2.26cm 条形药包爆炸挤密黄土路堤的上影响范围，

即$h_{ta}=208.02$cm。

其次，确定半径为 2.26cm 条形药包爆炸挤密黄土路堤的下影响范围 h_{ba}。在有些公路的路堤下方，有时埋有输送石油或天然气的管道、降低地下水位的管线以及其他设施，在使用爆炸挤密技术加固黄土路堤时，需避免爆炸波危及路堤下面设施的安全，故需确定条形药包下方的爆炸挤密影响范围（即最下方影响点至药包底的距离）h_{ba}。从表 4-8 可以看出，1～2kg 药包的 h_{ba} 较小，都为 174.73cm；3～8kg 药包的 h_{ba} 都为 210.06cm。为了确保地下设施的安全，在此偏于保守地取最大值作为半径，为 2.26cm 条形药包爆炸挤密黄土路堤的下影响范围，即 $h_{ba}=210.06$cm。

最后，确定半径为 2.26cm 条形药包爆炸挤密黄土路堤的下有效影响范围 h_{bed}。

文献［75］将爆炸引起的压力等于 10MPa 作为爆炸在土中的显著影响范围的界线，在衡量爆炸固结软基的影响范围时是可行的，只是未能考虑该应力在土中产生的最终效果。而爆炸挤密黄土路堤，更加关注挤密后的效果。

《公路路基设计规范》（JTG D30—2015）规定，即使对要求较低的下路堤，高速公路路堤的压实度也要求不小于 0.93。然而，文献［76］研究发现，对于高度达 63.8m 的黄土均匀路堤，其边坡坡度为 1∶1.2，当压实度为 0.90 时，能够满足路堤稳定性及沉陷变形的要求，因此认为并不需要把压实度提高到 0.93 的数值。故在此，将爆炸挤密黄土路堤的有效影响范围定义为压实度不小于 0.90 时的黄土范围，对应的黄土湿密度为 $0.90\times1.88\times1.1632=1.968\text{g/cm}^3$。

相对于水平方向和药包上方的土体，确定药包下方的有效影响范围 h_{bea} 更加重要，因为该值决定条形药包底端在路堤垂向的布置。如果药包底端布置过高，药包下的土体就不会被充分挤密，将来在填充爆腔之后，路堤还会在重力及车辆荷载作用下发生较大的下沉（设地基承载力满足要求）。1～8kg 药包产生的 h_{bed} 见表 4-8。显然，还是 1～2kg 药包的 h_{bea} 比较接近，为 38.82～39.12cm；3～8kg 药包的 h_{bea} 也比较接近，为 40.94～42.35cm 之间。从前面的研究可以看出，1～2kg 条形药包爆炸挤密黄土路堤对平面应变的符合程度不如 3～8kg 药包，故取 3～8kg药包的 h_{bea} 的平均值 41.77cm 作为半径为 2.26cm 的条形药包爆炸挤密黄土路堤的下有效影响范围。

4.3 等长不等横截面条形药包爆炸挤密黄土路堤规律研究

前面研究了由 2 支药管组成的横截面等效半径为 2.26cm 的不等长条形药包爆炸挤密黄土的规律，得到了相同的爆腔半径、几乎相等的作用于炮孔壁处的初始压应力峰值 σ_m；长细比不小于 42 的条形药包产生相等的塑性区半径、近似相等的密度峰值 ρ_{max}、最大压缩比 η_{max} 及其位置以及非常接近的密度分布；长细比不小于 32 的条形药包产生近似相等的上影响范围 h_{ta} 和下有效影响范围 h_{bea}，以及相等的下影响范围 h_{ba}。下面研究等长不等横截面条形药包爆炸挤密黄土路堤的规律。

本部分拟研究由 1~8 支药管组成的条形药包，其等效横截面半径见表 4-9。药包长度取 380. 8cm，即横截面半径为 2. 26cm 时 8kg 条形药包的长度，该长度在横截面半径为 4. 53cm 时，其长细比为 42. 03，满足第 4. 2 节得出的符合平面应变要求的长细比限值 42。各工况的药量、土体半径及计算时间见表 4-9。

表 4-9　等长不等横截面条形药包爆炸挤密黄土路堤工况

药管支数	1	2	3	4	5	6	7	8
药包等效横截面半径 r_0/cm	1. 6	2. 26	2. 77	3. 2	3. 58	3. 92	4. 23	4. 53
药包长度 H/cm	380. 8	380. 8	380. 8	380. 8	380. 8	380. 8	380. 8	380. 8
药包长细比	119	84. 25	68. 74	59. 50	53. 18	48. 57	45. 01	42. 03
药量 W/kg	4	8	12	16	20	24	28	32
土体半径 R/cm	300	400	400	450	450	500	500	500
计算时间/μs	10000	14000	16000	20000	22000	24000	26000	30000

各工况有限元模型的几何组成和边界条件设置如图 4-1 所示。所用材料模型及材料参数与第 4. 2 节相同。

4.3.1　爆腔几何形状和尺寸

模拟得到的等长不等横截面的爆腔形状如图 4-12 所示。爆腔依然由三部分组成，上锥体、下锥体和中间的圆柱体。显然，爆腔水平半径随着药包等效半径的增加，逐步增大。

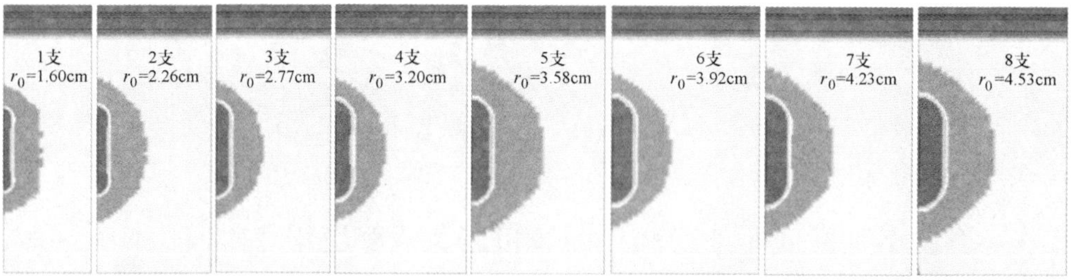

图 4-12　等长不等横截面条形药包产生的爆腔

各工况 1/4 爆腔体积、爆腔圆柱体半径、爆腔达到稳定所需的时间以及爆腔半径 r_1 与药包半径 r_0 之比均见表 4-10。

表 4-10 1~8 支药管组成的条形药包产生的爆腔几何尺寸

药管支数	1	2	3	4	5	6	7	8
1/4 爆腔体积/m^3	0.14	0.36	0.60	0.82	1.29	1.63	1.96	2.35
爆腔稳定时间/μs	8000	12000	15000	18000	20000	20000	25000	28000
爆腔半径 r_1/cm	20.91	32.23	41.87	48.85	59.39	67.91	73.77	79.89
比例系数 k_{vd}	13.07	14.26	15.12	15.27	16.59	17.32	17.44	17.64

从表 4-10 可以看出，1/4 爆腔体积、爆腔圆柱体半径、爆腔达到稳定所需的时间以及爆腔半径 r_1 与药包半径 r_0 之比 k_{vd} 均随着药包横截面半径的增加而增加。由第 4.2.2 节可知，等横截面半径不等长的条形药包的比例系数 k_{vd} 为一常量。下面用 MATLAB 以 95%的置信度对 $\bar{k}_{vd}$ 与药包等效半径 r_0 之间的关系进行拟合，所得表达式为：

$$\bar{k}_{vd} = 1.639r_0 + 10.49 \quad (R^2 = 0.9728) \tag{4-10}$$

式中，r_0 为 2 号岩石乳化炸药条形药包等效半径，cm。

$\bar{k}_{vd}$ 与 r_0 的关系如图 4-13 所示。

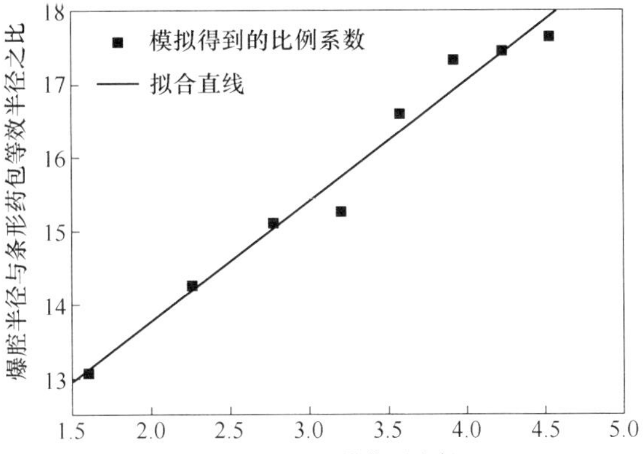

图 4-13 比例系数 $\bar{k}_{vd}$ 与 r_0 的线性关系

从式（4-9）和图 4-13 均可以看出，比例系数 $\bar{k}_{vd}$ 与条形药包的等效半径 r_0 呈线性关系。当已知 2 号岩石乳化炸药条形药包半径，将式（2-4）和式（4-10）联合，即可得到估算爆腔半径的公式：

$$r_1 = (1.639r_0 + 10.49)r_0 \tag{4-11}$$

式中，r_1 为爆腔半径，cm；r_0 为条形药包的等效半径，cm。

4.3.2 作用于炮孔壁的初始压应力峰值

提取各工况条形药包炮孔壁处所受到的初始压应力峰值 σ_m，列入表 4-11。

表 4-11　等长不等横截面条形药包作用于炮孔壁处的初始压应力峰值 σ_m

药管支数	1	2	3	4	5	6	7	8
σ_m/MPa	63.924	92.5702	106.6329	118.8971	126.81	138.344	156.731	178.858

从表 4-11 可以看出，随着药管支数即横截面半径的增加，σ_m 逐渐增大。

下面用 MATLAB 以 95%的置信度对 σ_m 与药包等效半径 r_0 之间的关系进行拟合，得到二者的关系式为：

$$\sigma_m = 3.586r_0^2 + 13.35r_0 + 38 \quad (R^2 = 0.9781) \tag{4-12}$$

式中，r_0 为 2 号岩石乳化炸药条形药包等效半径，cm；σ_m 为条形药包作用于炮孔壁的初始压应力峰值，MPa。

σ_m 与 r_0 的关系如图 4-14 所示。

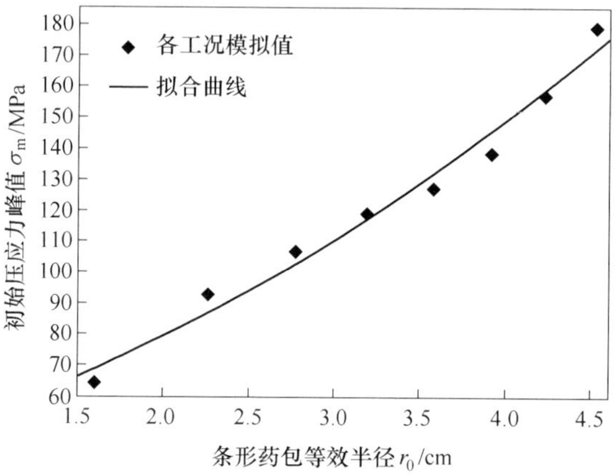

图 4-14　作用于炮孔壁的初始压应力峰值 σ_m 与 r_0 的关系

当已知条形药包的横截面等效半径时，式（4-12）和图 4-14 用于确定 σ_m。

4.3.3　应力波衰减指数

1~8 支药管组成的药包爆炸挤密黄土路堤，周围各点的压应力分布如图 4-15 所示。

从图 4-15 可以看出，同一工况黄土各点所受到的压应力峰值随着爆心距的增加而减小；对不同工况，在距爆心相同距离处黄土所受到的压应力峰值随着药包等效横截面半径的增大而增大。

以 95%的置信度用 MATLAB 拟合得到各工况应力波衰减指数 α，见表 4-12。

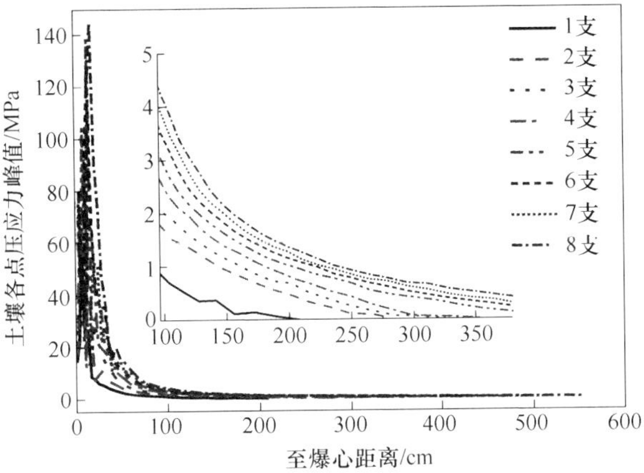

图 4-15 等长不等横截面条形药包周围土壤的压应力峰值分布

表 4-12 等长不等横截面条形药包应力波衰减指数拟合表

药管支数	$\ln\frac{r_i}{r_0}$ 与 $\ln\sigma_{r_i}$ 拟合关系式	决定系数 R^2	衰减指数 α
1	$\ln\sigma_{r_i}=6.98-1.825\ln\frac{r_i}{r_0}$	0.9380	1.825
2	$\ln\sigma_{r_i}=7.426-1.87\ln\frac{r_i}{r_0}$	0.9567	1.871
3	$\ln\sigma_{r_i}=7.438-1.93\ln\frac{r_i}{r_0}$	0.9439	1.930
4	$\ln\sigma_{r_i}=7.387-1.946\ln\frac{r_i}{r_0}$	0.9176	1.946
5	$\ln\sigma_{r_i}=7.663-1.967\ln\frac{r_i}{r_0}$	0.9791	1.967
6	$\ln\sigma_{r_i}=7.651-1.979\ln\frac{r_i}{r_0}$	0.9748	1.979
7	$\ln\sigma_{r_i}=7.62-1.989\ln\frac{r_i}{r_0}$	0.9554	1.989
8	$\ln\sigma_{r_i}=7.687-1.994\ln\frac{r_i}{r_0}$	0.9777	1.994

从表 4-12 可以看出，不等横截面条形药包的衰减指数 $\alpha=1.825\sim1.994$，尽管爆炸挤密的黄土参数相同，但 α 值随着药包横截面尺寸的增加而增加。这是因为药包的横截面半径越大，单位长度的药量越大，产生的爆腔半径就越大，爆炸冲击波就会把更多的土体挤向四周的低密度土体，从而消耗更多的能量，致使应

力波衰减指数 α 变大。用 MATLAB 拟合出爆炸挤密该种黄土的应力波衰减指数与药包半径 r_0 的关系如下：

$$\alpha = -0.01471r_0^2 + 0.1494r_0 + 1.62 \quad (R^2 = 0.991) \tag{4-13}$$

式中，r_0 为 2 号岩石乳化炸药条形药包等效半径，cm。

4.3.4 爆炸挤密水平影响程度和范围

等长不等横截面条形药包各工况爆腔周围的土壤密度分布如图 4-16 所示。

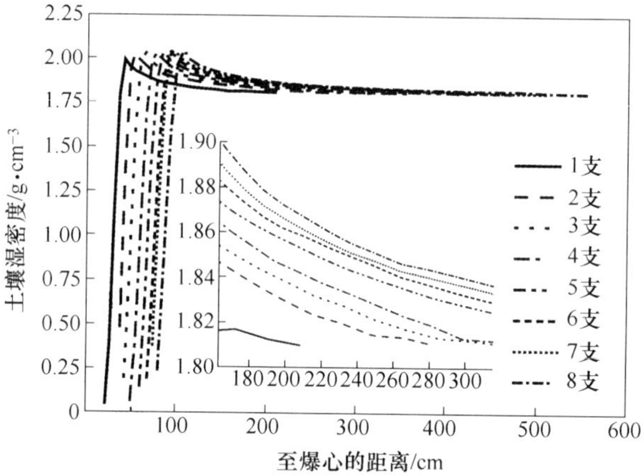

图 4-16　等长不等横截面条形药包爆炸挤密后周围黄土密度分布

从图 4-16 可以看出，除了由 1 支药管组成的半径为 1.6cm 的药包产生的土壤密度峰值稍低外，其他工况的土壤密度峰值大小相近。这是由于在爆炸挤密过程中，药包周围土体在爆炸波压力作用下，具有类似于流体的性质，会由密度高的区域挤向密度低的区域，最终达到图 4-16 所示的平衡状态。密度峰值的大小并不完全取决于条形药包单位长度的药量，还与爆前土壤的初始参数密切相关。

从图 4-16 还可以看出，尽管各工况土壤密度峰值大小相近，但密度峰值点的爆心距却随着药包等效半径 r_0 的增大而增大。而且塑性变形水平半径也随着 r_0 的增加而增大。

将各工况的密度峰值 ρ_{max} 及其爆心距 $r_{\rho_{max}}$、黄土最大压缩比 η_{max}、数值模拟得到的塑性变形水平半径 r_2 作为爆炸挤密后的特征值列入表 4-13。

表 4-13　等长不等横截面条形药包爆炸挤密后黄土密度特征值

药管支数	1	2	3	4	5	6	7	8
ρ_{max}/MPa	1.9905	2.0335	2.0342	2.0347	2.0370	2.0374	2.0408	2.0420
η_{max}	1.0997	1.1235	1.1239	1.1242	1.1254	1.1256	1.1275	1.1282

续表 4-13

药管支数	1	2	3	4	5	6	7	8
$r_{\rho_{max}}$/cm	40.22	51.78	63.92	76.52	83.29	91.96	92.22	106.28
模拟 r_2/cm	207.87	285.24	327.11	356.77	424.85	474.83	512.82	556.86
理论 r_2'/cm	185.19	283.67	322.74	379.16	416.53	463.05	519.41	587.21
误差百分比①/%	12.25	0.55	1.36	−5.91	2.00	2.54	−1.27	−5.17

① 误差百分比=（r_2-r_2'）/r_2'×100%。

从表 4-13 可以看出，各工况黄土密度峰值 ρ_{max} 介于 1.9905~2.0420g/cm^3 之间，随着药管支数即条形药包横截面半径的增加而略有增加，但增加幅度不大，最大值与最小值之差为 0.0515g/cm^3。同理，各工况的最大压缩比 η_{max} 介于 1.0997~1.1282 之间，最大值与最小值之差为 0.0285。以 95%的置信度用 MATLAB 拟合得到 η_{max} 与药包半径 r_0 的关系：

$$\eta_{max} = -0.0051r_0^2 + 0.0387r_0 + 1.055 \quad (R^2 = 0.8418) \tag{4-14}$$

从表 4-13 还可以看出，密度峰值点爆心距 $r_{\rho_{max}}$ 显然与药包半径 r_0 成正比，以 95%的置信度用 MATLAB 拟合得到 $r_{\rho_{max}}$（cm）与药包半径 r_0 的关系：

$$r_{\rho_{max}} = 22.08r_0 + 3.775 \quad (R^2 = 0.9875) \tag{4-15}$$

下面将黄土塑性变形水平半径的模拟值和理论值相比较。

将有限元模型中土的黏聚力 c 和内摩擦角 φ（见 4.1.2 节），表 4-11 中的初始压应力峰值 σ_m 以及表 4-12 中各工况的衰减指数 α 代入式（4-8），得到黄土塑性变形水平半径的理论值 r_2'，将该值及其与模拟值 r_2 的误差均列入表 4-13。从该表可以看出，模拟值与理论值的误差绝对值介于 0.55%~12.25%之间，二者的误差较小。但这也并不说明模拟值和理论值就一定很接近，因为此处理论值的获得是基于模拟得到的各工况的 σ_m 和 α。这只说明，在条形药包的长细比满足一定要求时，模拟结果与基于平面应变假设的理论计算结果是比较一致的。

在使用理论公式的过程中，可先借助土工试验确定土的黏聚力 c 和内摩擦角 φ，再利用式（4-12）和式（4-13）分别确定作用于炮孔壁的初始压应力峰值 σ_m 和衰减指数 α，即可利用式（4-8）计算不同半径的条形药包爆炸挤密黄土的塑性变形水平半径 r_2，进而设计施工方案。

但如果在实际使用中，缺乏理论计算或数值模拟的条件，可以借助表 4-13 给出的 r_2 值，利用拟合公式计算塑性变形水平半径 r_2。从表 4-13 可以看出，各工况的 r_2 随着药包半径的增加而增大。以 95%的置信度，利用 MATLAB 拟合得到 r_2(cm)与药包半径 r_0 的关系：

$$r_2 = 118.2r_0 + 7.865 \quad (R^2 = 0.986) \tag{4-16}$$

4.3.5　爆炸挤密水平压缩比分布规律

等长不等横截面条形药包 8 个工况的水平方向最大压缩比以外各点的压缩比在爆心距上的分布如图 4-17（a）所示，虽然看着比较分散，但衰减趋势相近；在把图 4-17（a）的横坐标变成相对爆心距，即消除药包等效半径差异的影响后，各点的压缩比如图 4-17（b）所示。在相对爆心距相同的各点，各工况的压缩比上下浮动值很小，介于 0~0.00836 之间。

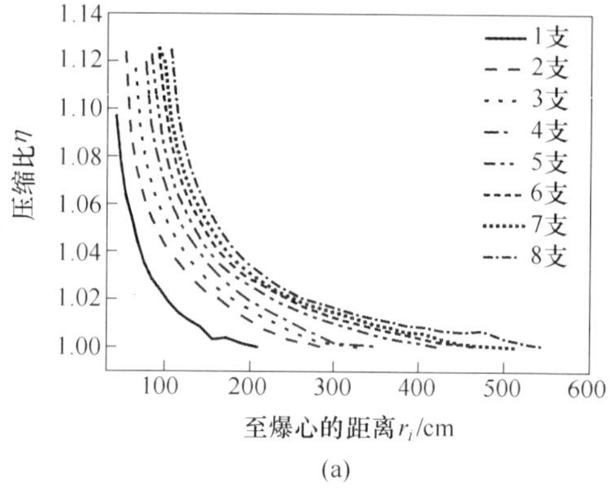

图 4-17　等长不等横截面条形药包爆炸挤密黄土水平压缩比分布
（a）水平压缩比对爆心距的分布图；（b）水平压缩比对相对爆心距的分布图

将图 4-17（b）的横、纵坐标分别取自然对数，从而得到图 4-18。

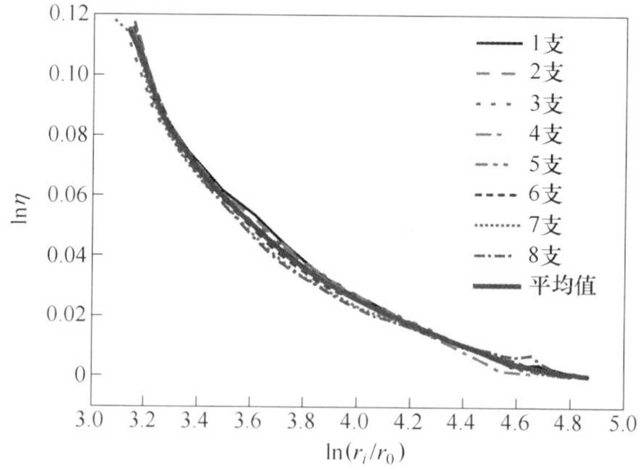

图 4-18　等长不等横截面条形药包爆炸挤密黄土水平压缩比对数分布

从图 4-18 可以看出，各工况黄土水平压缩比的对数在相同横坐标处也相差很小。结合计算数据可知，介于 0~0.00799 之间，故取各点的纵坐标平均值，得到黄土水平压缩比对数平均值曲线，如图 4-18 中的粗曲线。按 95%的置信度用 MATLAB 对该曲线进行拟合，得到各点 $\ln\eta_i$ 与 $\ln(r_i/r_0)$ 之间关系：

$$\ln\eta_i = 35.75e^{-1.832\ln\left(\frac{r_i}{r_0}\right)} \quad (R^2 = 0.9902) \tag{4-17}$$

式中，r_0 为条形药包等效半径，cm；r_i 为各点爆心距，cm；η_i 为爆心距 r_i 点的黄土压缩比。

拟合函数与原压缩比平均值对数的对比如图 4-19 所示。

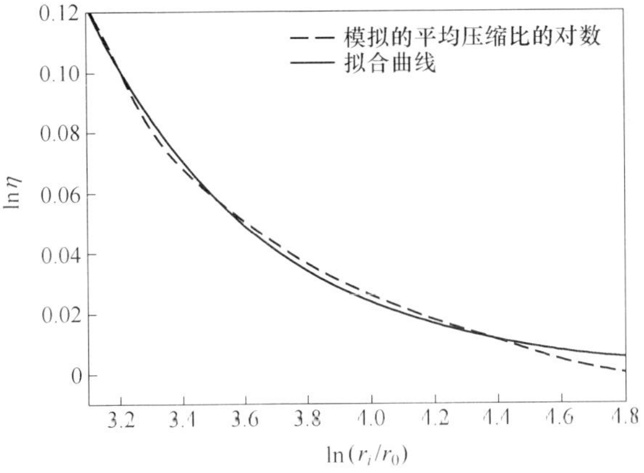

图 4-19 等长不等横截面条形药包爆炸挤密黄土的平均压缩比对数与拟合曲线对比

实际使用过程中，先按式（4-14）确定最大压缩比 η_{max}，按式（4-15）确定其位置 $r_{\rho_{max}}$，同时由式（4-8）或式（4-16）计算塑性变形水平半径 r_2，在 $r_{\rho_{max}}$ 和 r_2 之间，按式（4-17）计算 η_{max} 以外各点的压缩比 η_i。

4.3.6 爆炸挤密黄土路堤垂向影响范围

从第 4.2.6 节的研究可知，长细比不小于 32 的半径相等的条形药包爆炸挤密黄土路堤时，产生近似相等的上影响范围 h_{ta} 和下有效影响范围 h_{bea}，以及相等的下影响范围 h_{ba}，下面分析半径不等的条形药包产生的垂向影响范围。

由 1~8 根药管组成的条形药包，各工况药包顶端以上以及药包底端以下的黄土密度分布如图 4-20 所示。

从图 4-20 可以看出，药包上下方的黄土在爆炸挤密后的密度分布虽然也是靠近爆腔处密度低，然后迅速增长到密度峰值点，再缓慢下降至爆炸之前的土体密度，但与等横截面药包的爆炸挤密效果明显不同，从图 4-20（a）、（b）两图的局部放大图可以看出，药包的等效半径越大，在距离药包端部相同距离处土壤的密度越高。但密度衰减的趋势相近，故等效半径大的条形药包，在相同土体中将产生更大的上、下影响范围 h_{ta} 和 h_{ba}，以及更大的下有效影响范围 h_{bea}。这一点在表 4-14 的计算结果中得到了证实。

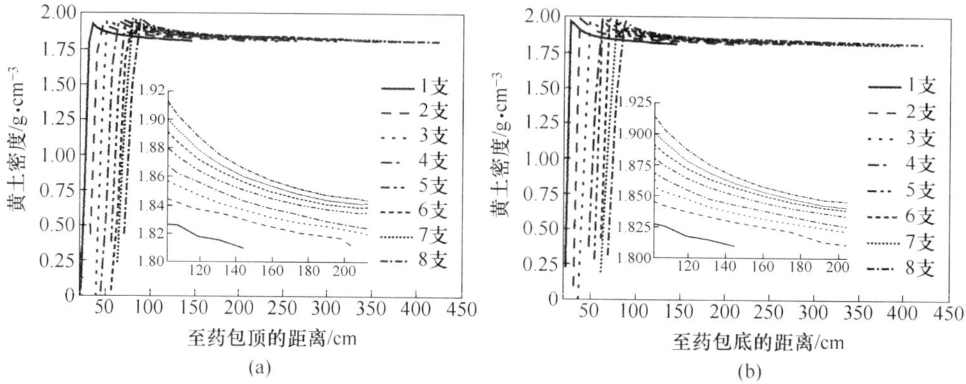

图 4-20　等长不等横截面条形药包爆炸挤密黄土路堤药包上方（a）和下方（b）密度分布

表 4-14　等长不等横截面条形药包爆炸挤密黄土路堤垂向影响范围

药管支数	1	2	3	4	5	6	7	8
上影响范围 h_{ta}/cm	143.90	205.75	248.58	272.28	316.43	357.36	393.37	427.58
下影响范围 h_{ba}/cm	144.60	210.06	251.47	274.77	324.16	361.13	395.72	429.26
下有效影响范围 h_{bea}/cm	27.14	42.35	51.13	58.46	68.96	74.58	80.00	88.00

从表 4-14 可以看出，对同一工况，h_{ta} 总是稍小于 h_{ba} 一点，说明药包对下方的影响范围要大于上方。

下面以 95%的置信度用 MATLAB 拟合各垂向影响范围与条形药包等效半径 r_0 的关系。

上影响范围 h_{ta} 与 r_0 的关系：

$$h_{ta} = 95.33r_0 - 15.23 \quad (R^2 = 0.9904) \tag{4-18}$$

下影响范围 h_{ba} 与 r_0 的关系式：

$$h_{ba} = 95.65r_0 - 13.06 \quad (R^2 = 0.9919) \tag{4-19}$$

下有效影响范围 h_{bea} 和 r_0 的关系：

$$h_{bea} = 20.32r_0 - 4.93 \quad (R^2 = 0.9973) \tag{4-20}$$

式（4-18）~式（4-20）中，各参数的单位都为 cm。

将模拟结果与拟合曲线共同绘于图 4-21。

从图 4-21 也可以看出，条形药包垂向影响范围与药包半径均呈线性关系。

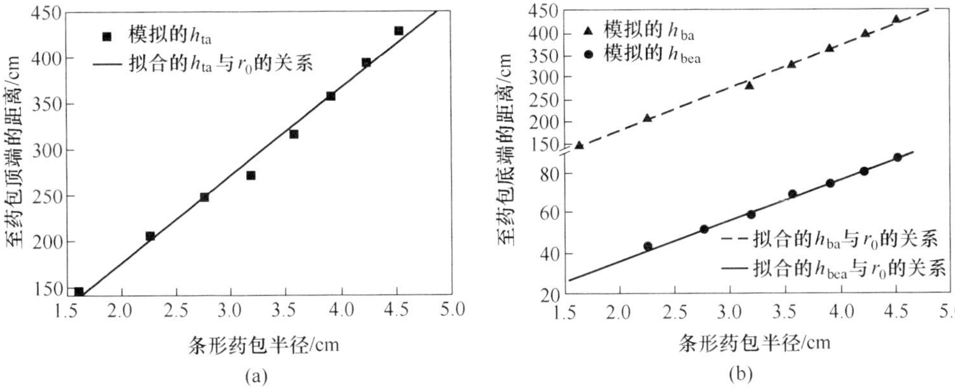

图 4-21 等长不等横截面条形药包爆炸挤密黄土路堤垂向影响范围

（a）上影响范围；（b）下影响及下有效影响范围

5 条形药包爆炸挤密黄土路堤影响因素分析

本章主要研究黄土的主要参数、炸药参数以及径向不耦合系数对条形药包爆炸挤密黄土路堤的影响规律。

5.1 黄土参数的影响

在第 3 章对集中药包爆炸挤密黄土效果的研究中，发现在具有不同湿密度和含水量的黄土中，即使完全相同的药包也会产生不同的爆炸挤密效果。而第 4 章仅研究了条形药包在具有相同湿密度与含水量的黄土中的爆炸挤密规律，本章将对河北北部某高速公路待加固路段填筑的黄土，分相同含水量不同湿密度、相同湿密度不同含水量、不同湿密度与不同含水量 3 种情况分别研究黄土湿密度、含水量以及二者共同对条形药包爆炸挤密黄土路堤的影响规律。

有限元几何模型的组成如图 4-1 所示，其中条形药包选用由 2 支药管组成的 5kg 的 2 号岩石乳化炸药，等效半径为 2. 26cm，长为 238. 0cm；炸药、空气、路面结构层的材料模型和参数均与第 4 章相同；土体的水平半径 $R=400$cm；药包上下的土体高度分别为 $h_1=h_2=300$cm。土壤参数见本章各节工况部分。

5.1.1 湿密度

本部分共研究 8 种工况，土壤的含水量都为 18%，湿密度及其他参数见表 5-1。

表 5-1 密度不同的黄土各工况主要参数

工况	ρ_0 /g · cm^{-3}	剪切模量 G /MPa	体积模量 K/MPa	a_0/Pa^2	a_1/Pa	a_2
1	1. 65	14. 6	21. 90	1.33×10^7	6.63×10^2	0. 0083
2	1. 70	17. 9	26. 88	9.21×10^6	7.34×10^2	0. 0146
3	1. 75	21. 2	31. 73	3.22×10^5	1.71×10^2	0. 0227
4	1. 80	24. 3	36. 45	5.03×10^7	2.56×10^3	0. 0325
5	1. 85	27. 3	41. 02	2.71×10^8	6.89×10^3	0. 0438
6	1. 90	30. 3	45. 46	8.16×10^8	1.36×10^4	0. 0567
7	1. 95	33. 2	49. 77	1.87×10^9	2.31×10^4	0. 0711
8	2. 00	36. 0	53. 94	3.66×10^9	3.56×10^4	0. 0867

5.1.1.1 爆腔体积和水平半径

模拟得到的不同湿密度各工况 1/4 爆腔体积-时间历程曲线如图 5-1 所示。

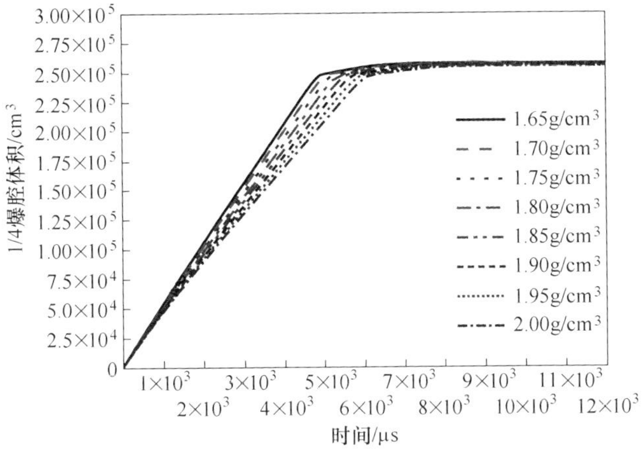

图 5-1 不同湿密度各工况 1/4 爆腔体积-时间历程曲线

从图 5-1 可以看出，土体的湿密度越大，爆腔体积达到稳定所需的时间越长。各工况 1/4 爆腔体积、达到稳定所需的时间以及爆腔圆柱体部分的水平半径见表 5-2。

表 5-2 条形药包在不同湿密度黄土中产生的爆腔几何尺寸

工况	1	2	3	4	5	6	7	8
1/4 爆腔体积/cm^3	257280	256961	256697	256558	256323	256061	255329	254642
爆腔稳定所需的时间/μs	8800	9000	9300	9500	9800	10200	10400	10500
爆腔圆柱体半径 r_1/cm	32. 23	32. 23	32. 23	32. 23	32. 23	32. 23	32. 23	32. 23

从表 5-2 可以看出，土体的湿密度越小，爆腔体积越大；8 个工况的最大值与最小值之差为 2638cm^3；此外，表中的爆腔半径 r_1 表面看来都为 32. 23cm，与表 4-3 中半径为 2. 26cm 条形药包产生的 r_1 相同，然而从爆腔体积的不同可以粗略推断各工况的 r_1 是有差异的，表中数据之所以相同，是因为网格划分是有一定宽度的，当差异在单元宽度范围内，差异就不会显示。

将爆腔体积与土壤湿密度按 95%置信度用 MATLAB 进行拟合，得到二者的关系表达式如下：

$$V = (-6.605\rho_0^2 + 21.37\rho_0 + 85.58) \times 10^4 \quad (R^2 = 0.9774) \qquad (5\text{-}1)$$

式中，ρ_0 为黄土湿密度，g/cm^3；V 为爆腔体积，cm^3。

模拟的 1/4 爆腔体积与拟合的关系曲线（注意将式（5-1）的计算结果除以 4）如图 5-2 所示。

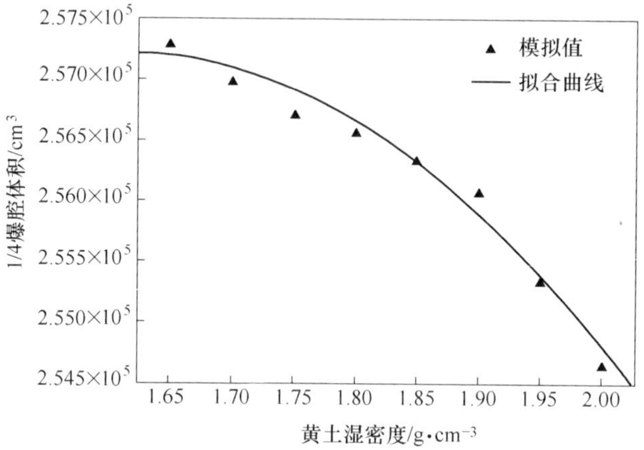

图 5-2　模拟的 1/4 爆腔体积与拟合曲线对比

5.1.1.2　作用于炮孔壁的初始压应力峰值及压应力峰值分布

模拟得到的各工况条形药包作用于炮孔壁的初始压应力峰值 σ_m 见表 5-3。

表 5-3　等含水量不同湿密度黄土中条形药包作用于炮孔壁的初始压应力峰值 σ_m

工况	1	2	3	4	5	6	7	8
σ_m/MPa	80.4130	84.0727	87.5144	90.9936	94.5256	97.7721	100.9320	104.0090

从表 5-3 可以看出，相同的条形药包在湿密度不同的土壤中作用于炮孔壁的初始压应力峰值 σ_m 不同，ρ_0 越大，σ_m 越大，这是由于密度越高的土壤，爆炸冲击波的能量越难以释放，故 σ_m 就会因此而增强。因此可得，横截面半径相等的条形药包，在参数相同的土中，即使药量不同，产生的 σ_m 也应该是相近的，这一点在第 4 章的表 4-4 得到了证实。

将 σ_m 与 ρ_0 之间的关系按 95% 的置信度用 MATLAB 进行拟合，得到二者呈线性关系，关系表达式：

$$\sigma_m = 67.57\rho_0 - 30.78 \quad (R^2 = 0.9993) \tag{5-2}$$

式中，ρ_0 为黄土湿密度，g/cm³；σ_m 为半径为 2.26cm 的条形药包作用于炮孔壁的初始压应力峰值，MPa。

模拟的 σ_m 与拟合的 σ_m 与 ρ_0 的关系曲线如图 5-3 所示。

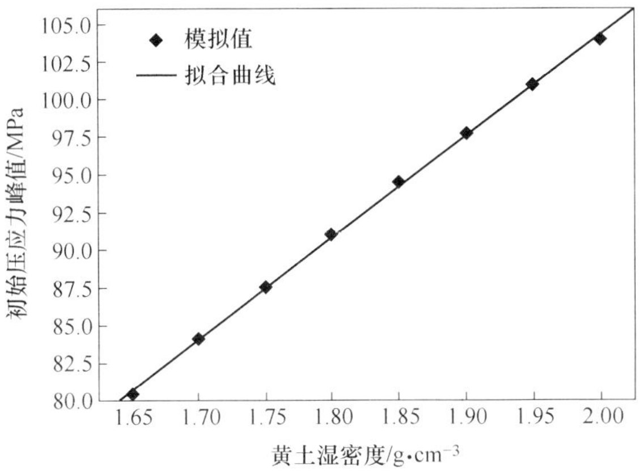

图 5-3 等含水量不等湿密度各工况作用于炮孔壁的初始压应力峰值模拟与拟合值对比

提取药包外水平方向各爆心距 r_i 处的压应力峰值 σ_{mi}，将其绘入图 5-4。

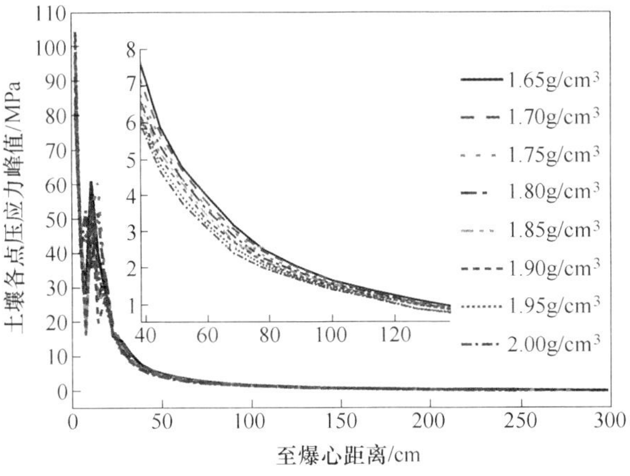

图 5-4 条形药包在不同湿密度黄土中产生的压应力峰值分布

从图 5-4 及其局部放大图可以看出，尽管湿密度大的黄土其初始压应力峰值 σ_m 较大，但其压应力的衰减速度却比在湿密度低的黄土中大，因此从距离爆心一定距离处开始，湿密度低的黄土中的 σ_{mi} 要大于湿密度高的黄土，其曲线位于局部放大图的上层。也就是说，湿密度高的黄土中的应力波衰减指数 α 要大于湿密度低的黄土。

5.1.1.3 爆炸挤密黄土路堤塑性变形水平半径及程度

模拟得到爆腔周围黄土的密度分布如图 5-5 所示。从图 5-5 可以看出，当药包相同时，初始湿密度 ρ_0 低的黄土爆炸挤密范围要高于初始湿密度高的黄土，

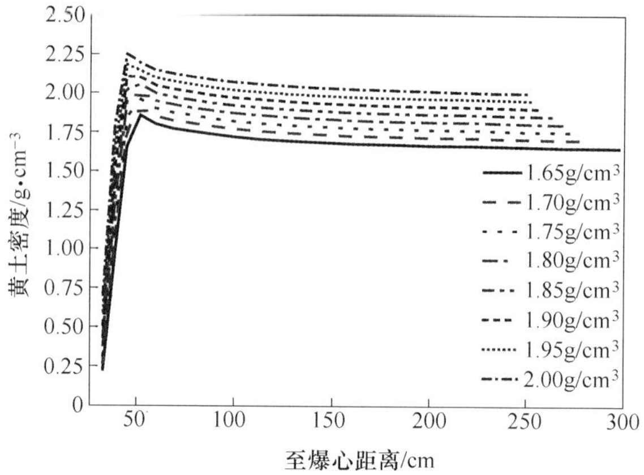

图 5-5　不同湿密度黄土爆炸挤密后密度分布

这是由于挤密后者需要比前者消耗更多的能量。此外，还可以看出，初始湿密度越高，密度峰值点的爆心距越小。

将各工况的密度峰值 ρ_{max} 及其位置 $r_{\rho_{max}}$、黄土最大压缩比 η_{max} 以及塑性变形水平半径 r_2 等作为爆炸挤密后的特征值列入表 5-4，上述规律更加明显。

表 5-4　不同湿密度黄土爆炸挤密后密度特征值

工况	1	2	3	4	5	6	7	8
初始湿密度 ρ_0/g · cm^{-3}	1. 65	1. 70	1. 75	1. 80	1. 85	1. 90	1. 95	2. 00
密度峰值 ρ_{max}/g · cm^{-3}	1. 855	1. 908	1. 957	2. 005	2. 052	2. 104	2. 181	2. 253
黄土最大压缩比 η_{max}	1. 124	1. 122	1. 119	1. 114	1. 109	1. 108	1. 119	1. 127
密度峰值点爆心距 $r_{\rho_{max}}$/cm	53. 74	53. 74	48. 94	48. 94	48. 94	44. 68	44. 68	44. 68
$r_{\rho_{max}}/r_0$	23. 78	23. 78	21. 66	21. 66	21. 66	19. 77	19. 77	19. 77
塑性变形水平半径 r_2/cm	297. 52	286. 81	277. 80	270. 53	265. 90	258. 11	253. 51	249. 51
$r_2/r_0$①	131. 64	126. 91	122. 92	119. 70	117. 65	114. 21	112. 17	110. 40

① r_0 为药包半径，cm。

从表 5-4 的数据可以看出，半径为 2. 26cm 的条形药包爆炸挤密后，黄土的最大压缩比在 1. 108～1. 127 范围内；从该表还可以看出，密度峰值点的爆心距以及塑性变形水平半径皆与初始密度成反比；密度峰值点相对爆心距 $r_{\rho_{max}}/r_0$ 介于 19. 77～23. 78cm 之间；塑性变形水平半径介于 249. 51～297. 52cm 之间，其余药包半径之比 r_2/r_0 介于 110. 40～131. 64 之间。

下面以 95%的置信度用 MATLAB 拟合各工况 r_2/r_0 与黄土湿密度的关系：

$$r_2/r_0 = 83.87\rho_0^2 - 365.8\rho_0 + 506.6 \quad (R^2 = 0.9977) \tag{5-3}$$

式中，ρ_0 为黄土湿密度，g/cm^3；r_2 为塑性变形水平半径，cm；r_0 为条形药包半径，cm。

将模拟结果与拟合曲线共同绘于图 5-6。

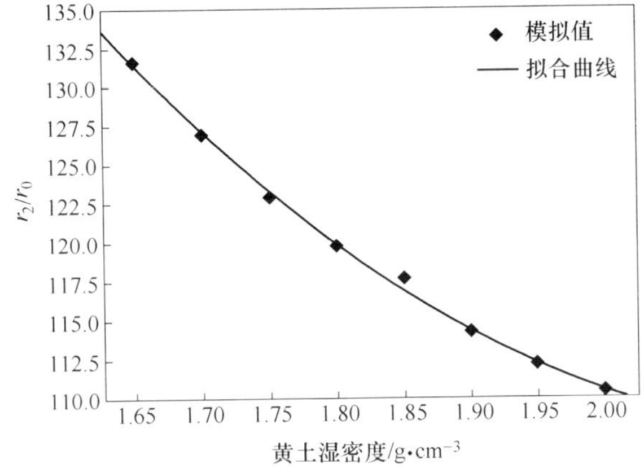

图 5-6 不同湿密度黄土爆炸挤密塑性变形水平半径与药包半径之比与黄土湿密度的关系

从式（5-3）和图 5-6 可以看出，r_2/r_0 与黄土湿密度呈下降的二次函数关系。

5.1.1.4 爆炸挤密黄土路堤垂向影响范围

各工况药包顶端上方以及药包底端下方的黄土密度分布如图 5-7 所示。

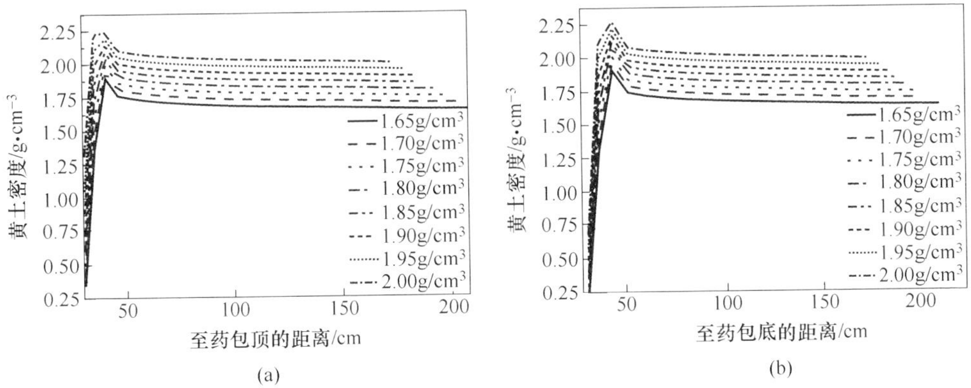

图 5-7 不同湿密度黄土爆炸挤密后药包上方（a）和下方（b）密度分布

从图 5-7 可以看出，各工况在垂向的影响范围也与黄土的初始湿密度成反比，药包上下方的密度分布很相近。

按照第 4 章，认为当爆炸挤密后黄土的压实度达到 90%时，即认为其得到了有效挤密，药包下方的该点至药包底端的距离即认为是下有效影响范围 h_{bea}。当含水量为18%，最大干密度依然是 1.88g/cm³时，90%的压实度对应的湿密度为 1.9966g/cm³。

将不同工况的上、下影响范围 h_{ta} 和 h_{ba}，以及下有效影响范围 h_{bea} 列入表 5-5。

表 5-5　条形药包爆炸挤密不同湿密度黄土路堤垂向影响范围

工况	1	2	3	4	5	6	7	8
爆前黄土压实度/%	74.38	76.63	78.89	81.14	83.39	85.65	87.90	90.16
上影响点至药包顶的距离 h_{ta}/cm	208.07	202.37	197.16	192.28	188.11	183.26	179.17	174.88
下影响点至药包底的距离 h_{ba}/cm	210.60	204.68	199.38	194.49	189.60	185.60	181.50	176.60
下有效影响点至药包底距离 h_{bea}/cm	无	33.10	36.80	40.17	44.48	49.29	79.37	全部

从表 5-5 可以看出，h_{ta}还是稍小于 h_{ba}一点。此外，还可以看出，下有效影响点至药包底的距离 h_{bea}随着湿密度的增加而增大，但并不是所有工况都能找出下有效影响范围 h_{bea}，如工况 1 就没有，即当含水量为 18%，湿密度为 1.65g/cm³，压实度为 74.38%时，半径为 2.26cm 的 2 号岩石乳化炸药的条形药包无法将其垂向的压实度挤密至 90%。这提醒爆炸挤密加固技术的使用者，在进行施工技术方案的设计时，要根据土壤的实际情况以及拟实现的加固效果确定药包的横截面半径，因为由第 5.3 节的研究结果可知，不同半径的药包爆炸挤密的效果不同。

5.1.2　含水量

本节研究的黄土湿密度皆为 1.8g/cm³，仅改变其含水量。共研究 8 种工况，各工况的主要土壤参数见表 5-6。

表 5-6　含水量不同的黄土各工况主要参数

工况	ρ_0 /g · cm^{-3}	含水量/%	剪切模量 G/MPa	体积模量 K/MPa	a_0 /Pa^2	a_1 /Pa	a_2
1	1.80	10	46.4	69.65	2.81×10^8	5.19×10^3	0.0240
2	1.80	12	40.2	60.25	2.06×10^8	4.62×10^3	0.0260
3	1.80	14	34.4	51.59	1.42×10^8	3.99×10^3	0.0281
4	1.80	16	29.1	43.65	9.03×10^7	3.30×10^3	0.0302
5	1.80	18	24.3	36.45	5.03×10^7	2.56×10^3	0.0325
6	1.80	20	20.0	29.97	2.20×10^7	1.75×10^3	0.0348

续表 5-6

工况	ρ_0 /g · cm^{-3}	含水量/%	剪切模量 G/MPa	体积模量 K/MPa	a_0 /Pa^2	a_1 /Pa	a_2
7	1.80	22	16.2	24.23	5.28×10^6	8.86×10^2	0.0372
8	1.80	24	12.8	19.21	7.88×10^3	3.53×10^1	0.0396

5.1.2.1 爆腔体积和水平半径

模拟得到不同含水量各工况 1/4 爆腔体积-时间历程曲线如图 5-8 所示。

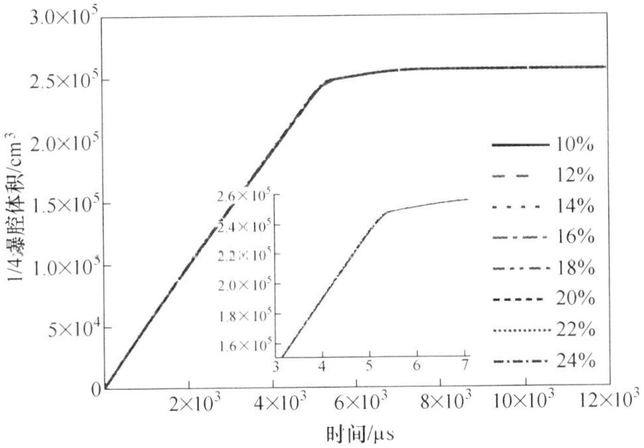

图 5-8 不同含水量各工况 1/4 爆腔体积-时间历程曲线

从图 5-8 可以看出，各工况的 1/4 爆腔体积非常接近，即使放大图也很难分清，这一点与 5.1 节含水量相同而密度不同的工况相差很大。这说明在爆腔发展过程中，黄土湿密度的影响比含水量显著。

为了量化差别，将各工况 1/4 爆腔体积、达到稳定所需的时间以及爆腔圆柱体部分的水平半径列入表 5-7。

表 5-7 条形药包在不同含水量黄土中产生的爆腔几何尺寸

工况	1	2	3	4	5	6	7	8
1/4 爆腔体积/cm^3	256543	256550	256551	256553	256558	256579	256586	256641
爆腔稳定所需时间/μs	10300	10100	9950	9720	9500	8900	8700	8600
爆腔圆柱体半径 r_1/cm	32.23	32.23	32.23	32.23	32.23	32.23	32.23	32.23

从表 5-7 可以看出，各工况的 1/4 爆腔体积相差不大，最大与最小值之差仅为 98cm^3，约占各工况平均值的 0.038%。尽管如此，还是可以看出，随着含水量

的增加，爆腔体积呈增加的趋势，尤其是在含水量超过18%（工况5）以后，增加幅度变大。此外，随着含水量的增加，爆腔稳定时间呈缩短的趋势。爆腔半径 r_1 依然是32.23cm。

由于含水量对爆腔体积的影响很小，故不再拟合二者的关系。

5.1.2.2　作用于炮孔壁的初始压应力峰值及压应力峰值分布

模拟得到的各工况条形药包作用于炮孔壁的初始压应力峰值 σ_m 见表5-8。

表5-8　等湿密度不同含水量黄土中条形药包作用于炮孔壁的初始压应力峰值 σ_m

工况	1	2	3	4	5	6	7	8
σ_m/MPa	91.8297	91.6705	91.5218	91.2268	90.9936	90.7374	90.5037	90.3135

从表5-8可以看出，相同的条形药包在湿密度相同而含水量不同的土壤中，作用于炮孔壁的初始压应力峰值 σ_m 随着含水量的增加而减小。这是由于在土的三相组成中，除了土颗粒和水，还有空气，而水比土颗粒更容易挤占空气的空间，因而获得更大的塑性变形和较小的 σ_m。

将 σ_m 与含水量之间的关系按95%的置信度用MATLAB进行拟合，得到二者呈线性关系，关系表达式如下：

$$\sigma_m = -0.1133w + 93.03 \quad (R^2 = 0.9943) \tag{5-4}$$

式中，w 为黄土含水量，%；σ_m 为半径为2.26cm的条形药包作用于炮孔壁的初始压应力峰值，MPa。

模拟的 σ_m 与拟合的 σ_m 和 w 的关系曲线如图5-9所示。

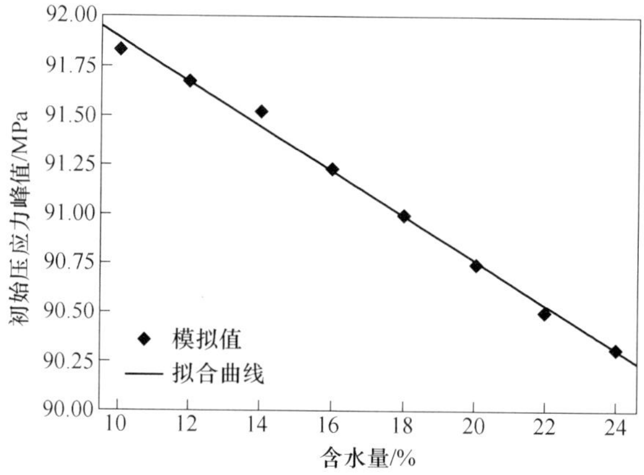

图5-9　等密度不等含水量各工况初始压应力峰值模拟值与拟合曲线对比

提取药包外水平方向各爆心距 r_i 处的压应力峰值 σ_{mi}，将其绘入图 5-10。

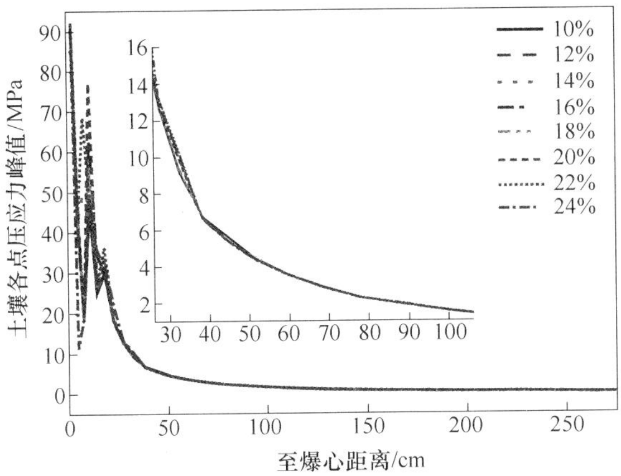

图 5-10 条形药包在不同含水量黄土中产生的压应力峰值分布

从图 5-10 及其局部放大图可以看出，尽管各工况在爆炸冲击波阶段还有些差异，但到应力波阶段各点的应力峰值就非常接近了，即使从局部放大图也很难分清。这进一步说明含水量对衰减指数的影响不大。

5.1.2.3 爆炸挤密黄土路堤塑性变形水平半径及程度

模拟得到具有不同含水量各工况爆腔周围黄土的密度分布，如图 5-11 所示。

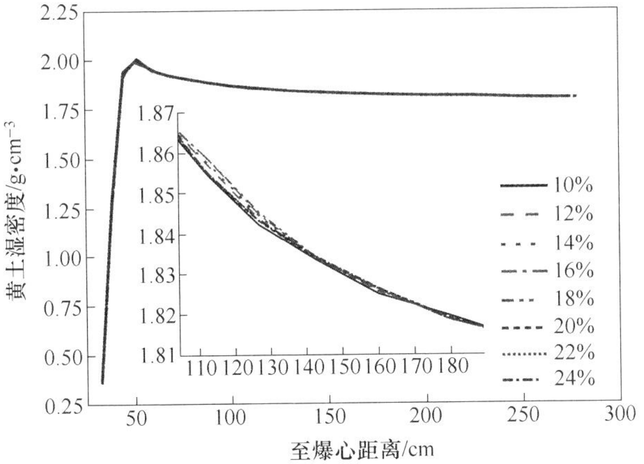

图 5-11 等湿密度不等含水量黄土爆炸挤密后湿密度分布

从图 5-11 可以看出，各点湿密度从峰值到分布都非常接近。但从局部放大图可以看出，在距离爆心约 105cm 以外，含水量高的黄土其密度要稍高于含水量低的黄土，这也进一步证实了应力波在含水量高的黄土中衰减指数低于含水量低的黄土，这也是爆炸挤密法多用于处理饱和砂土或淤泥等软土地基的原因。

为了进一步了解各工况的密度峰值点及其位置、黄土最大压缩比 η_{max} 以及塑性变形水平半径等在含水量不同黄土中的区别，将这些值作为特征值列入表 5-9。

表 5-9　等湿密度不等含水量黄土爆炸挤密后密度特征值

工况	1	2	3	4	5	6	7	8
含水量/%	10	12	14	16	18	20	22	24
密度峰值/g · cm^{-3}	2.006	2.006	2.005	2.005	2.005	2.007	2.007	2.009
黄土最大压缩比	1.114	1.115	1.114	1.114	1.114	1.115	1.115	1.116
密度峰值点爆心距/cm	48.94							
$r_{\rho_{max}}/r_0$	21.66							
塑性变形水平半径 r_2/cm	265.90	265.90	265.90	270.53	270.53	274.70	279.03	285.18
$r_2/r_0$①	117.65	117.65	117.65	119.70	119.70	121.55	123.46	126.19

① r_0 为药包半径，cm。

从表 5-9 可以看出，半径为 2.26cm 的条形药包爆炸挤密不同含水量的等湿密度黄土，都在距离爆心 48.94cm 处达到最大密度，而且密度峰值相近，介于 2.005～2.009g/cm^{3}之间，最大压缩比介于 1.114～1.116 之间；密度峰值点的相对爆心距为 21.66cm；塑性变形水平半径 r_2 随着含水量的增加而有所增加，r_2 介于 265.90～285.18cm 之间，其与药包半径之比 r_2/r_0 介于 117.65～126.19 之间。

5.1.2.4　爆炸挤密黄土路堤垂向影响范围

各工况药包顶端上方以及药包底端下方的黄土密度分布如图 5-12 所示。

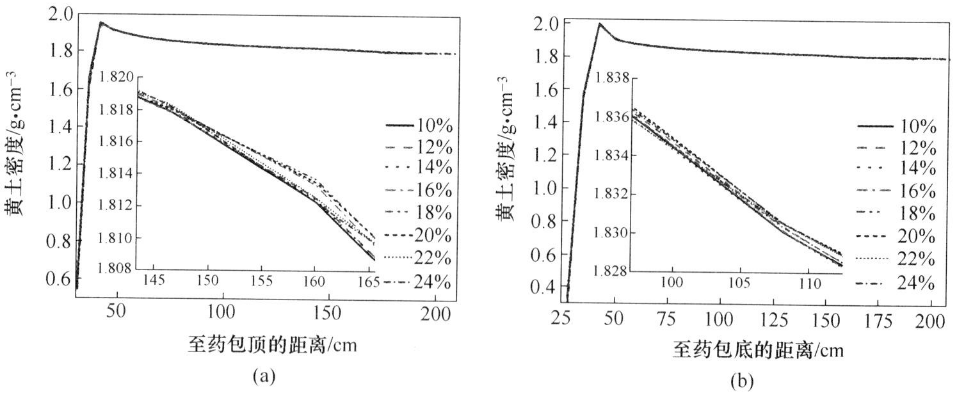

图 5-12　等湿密度不等含水量黄土药包上方（a）和下方（b）密度分布

从图 5-12 可以看出，各点湿密度从峰值到分布都非常接近。但从局部放大图可以看出，应力波在含水量低的黄土中的衰减速度要高于含水量高的黄土。

当爆炸挤密后黄土的压实度达到90%时，各工况应该达到的湿密度称为目标湿密度，见表5-10。同时将不同工况的上、下影响范围 h_{ta} 和 h_{ba}，以及下有效影响范围 h_{bea} 列入表5-10。

表5-10　条形药包爆炸挤密不同含水量黄土路堤垂向影响范围

工况	1	2	3	4	5	6	7	8
爆前黄土压实度/%	87.04	85.49	83.99	82.54	81.14	79.79	78.48	77.21
目标湿密度/$g \cdot cm^{-3}$	1.861	1.895	1.929	1.963	1.997	2.030	2.064	2.098
上影响范围 h_{ta}/cm	188.11	188.11	188.11	192.28	192.28	197.16	202.37	208.07
下影响范围 h_{ba}/cm	190.21	190.21	190.21	194.49	194.49	199.10	203.52	208.38
下有效影响范围 h_{bea}/cm	68.27	51.24	43.79	41.96	40.17	38.42	—	—

从表5-10可以看出，当含水量在10%～14%范围内，h_{ta} 和 h_{ba} 的值变化不大（考虑到单元格宽度）；随着含水量的增大，二者有所提高；但与表5-5相比较，可以看出含水量变化引起的垂向影响范围的变化幅度远远低于湿密度变化引起的。

此外还可以看出，下有效影响点至药包底的距离 h_{bea} 随着含水量的增加而减小，以至于当含水量达到22%时，半径为2.26cm的条形药包无法将其垂向的压实度挤密至90%，尽管工况7和8的爆前压实度不低，而且其下影响范围 h_{ba} 一直在增加。因此，对于含水量比较高的黄土路堤，最好选用生石灰桩等能够降低土壤含水量，且能够挤密周围土壤的方法，只是钻孔会比较密集，对路面破坏较大。

5.1.3　湿密度和含水量

尽管从5.1.1节和5.1.2节的研究可知，黄土的湿密度对爆炸挤密规律的影响比含水量要显著，但只有单一因素的影响很难进行工程应用，故本节同时考虑黄土湿密度和含水量的影响，探讨二者共同对爆炸挤密黄土路堤规律的影响。

本节共研究具有不同湿密度和含水量的12种工况的黄土，各工况的主要土壤参数见表5-11。

表5-11　不同湿密度不同含水量黄土各工况的主要参数

工况	ρ_0/$g \cdot cm^{-3}$	含水量/%	剪切模量 G/MPa	体积模量 K/MPa	a_0/Pa^2	a_1/Pa	a_2
1	1.63	15.90	16.8	25.15	1.17×10^{7}	4.93×10^{2}	0.0052

续表 5-11

工况	ρ_0 /g · cm^{-3}	含水量/%	剪切模量 G/MPa	体积模量 K/MPa	a_0/Pa^2	a_1/Pa	a_2
2	1.66	17.80	15.6	23.41	1.41×10^7	7.23×10^2	0.0093
3	1.72	16.20	22.9	34.37	8.95×10^5	2.40×10^2	0.0161
4	1.78	17.20	24.8	37.27	2.47×10^7	1.65×10^3	0.0275
5	1.82	12.60	40.1	60.12	3.20×10^8	6.26×10^3	0.0306
6	1.85	15.40	34.2	51.37	4.26×10^8	8.31×10^3	0.0405
7	1.86	15.30	35.2	52.86	5.39×10^8	9.60×10^3	0.0427
8	1.86	16.90	30.8	46.22	4.21×10^8	8.69×10^3	0.0448
9	1.91	12.50	47.9	71.80	1.83×10^9	1.94×10^4	0.0515
10	1.91	16.70	34.6	51.86	1.16×10^9	1.63×10^4	0.0576
11	1.93	19.10	29.0	43.49	1.20×10^9	1.79×10^4	0.0669
12	2.03	14.60	49.4	74.09	6.76×10^9	4.95×10^4	0.0906

5.1.3.1　爆腔体积和水平半径

模拟得到的各工况 1/4 爆腔体积-时间历程曲线如图 5-13 所示。

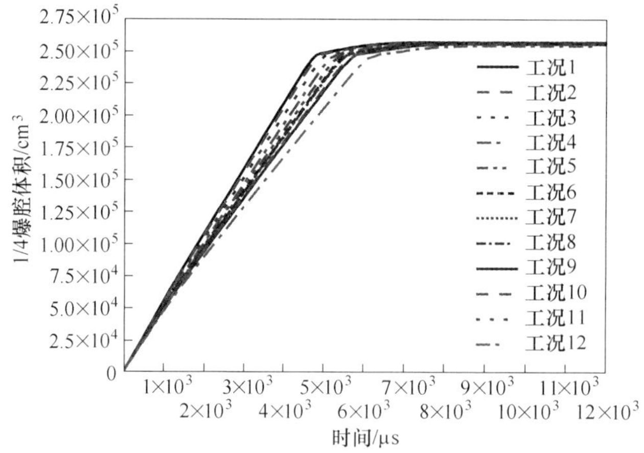

图 5-13　不同湿密度不同含水量黄土各工况 1/4 爆腔体积-时间历程曲线

从图 5-13 可以看出，各工况的 1/4 爆腔体积还是湿密度起主导作用，而且在稳定之前的发展速度与湿密度成反比。

将各工况 1/4 爆腔体积、达到稳定状态所需时间及爆腔圆柱体部分的水平半径 r_1 列入表 5-12。

表 5-12 条形药包在不同湿密度不同含水量黄土中产生的爆腔几何尺寸及稳定时间

工况	1/4 爆腔体积/cm^3	稳定时间/μs	爆腔半径 r_1/cm
1	257308	7900	32.23
2	257251	8700	32.23
3	256997	9050	32.23
4	256612	9500	32.23
5	256576	9700	32.23
6	256539	9760	32.23
7	256203	10100	32.23
8	256340	9900	32.23
9	256052	11000	32.23
10	256249	10000	32.23
11	256301	10100	32.23
12	254552	11500	32.23

从表 5-12 可以看出，爆腔半径 r_1 没有变化；爆腔体积与湿密度成反比，与含水量成正比（如工况 7 和 8、9 和 10）；稳定时间则相反。

根据表 5-12 的数据，按 95%的置信度将爆腔体积与黄土湿密度和含水量的关系用 MATLAB 进行回归分析，得到的关系式如下：

$$V = (-4.649\rho_0^2 + 0.2129\rho_0 w + 0.008655w^2 + 11.2\rho_0 - 0.6492w + 99.52) \times 10^4 \quad (R^2 = 0.9653) \tag{5-5}$$

式中，ρ_0 为黄土湿密度，g/cm^3；w 为黄土含水量，%；V 为爆腔体积，cm^3。

式（5-5）可以用于估算半径为 2.26cm 的 2 号岩石乳化炸药条形药包在不同湿密度和含水量黄土中产生的爆腔体积，进而合理准备填充材料的土石方量。

5.1.3.2 作用于炮孔壁的初始压应力峰值

模拟得到的各工况条形药包作用于炮孔壁的初始压应力峰值 σ_m 见表 5-13。

表 5-13　不同湿密度和不同含水量黄土中条形药包作用于炮孔壁初始压应力峰值 σ_m

工况	1	2	3	4	5	6	7	8	9	10	11	12
σ_m/MPa	78.36	81.37	85.06	89.53	92.72	94.86	95.74	95.59	99.22	98.66	99.74	105.91

将表 5-13 与表 5-11 相结合可以看出，初始压应力峰值 σ_m 随着黄土初始湿密度 ρ_0 的增大而增大，随着含水量的增大而减小。

将 σ_m 与 ρ_0 和 w 之间的关系按 95%的置信度用 MATLAB 进行拟合，得到三者的关系表达式：

$$\sigma_m = 69.48\rho_0 - 0.0658w - 33.04 \quad (R^2 = 0.9959) \qquad (5\text{-}6)$$

式中，ρ_0 为黄土湿密度，g/cm^3；w 为黄土含水量，%；σ_m 为半径为 2.26cm 的条形药包作用于炮孔壁的初始压应力峰值，MPa。

从式（5-6）可得，σ_m 与 ρ_0 和 w 呈很好的线性关系。

5.1.3.3　应力波衰减指数

提取药包外水平方向各爆心距 r_i 处的压应力峰值 σ_{mi}，将其绘入图 5-14。

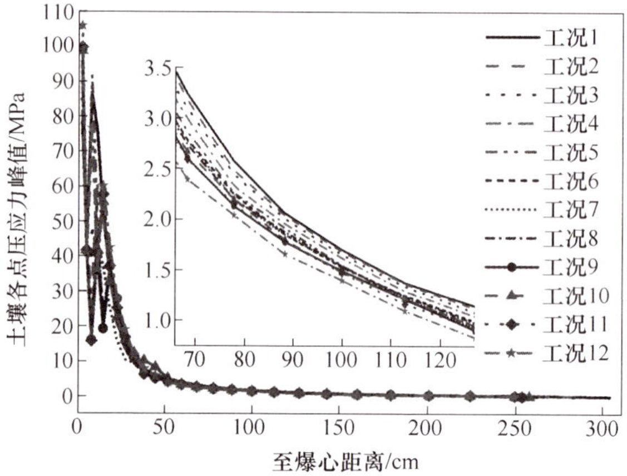

图 5-14　条形药包在不同湿密度和含水量黄土中产生的压应力峰值分布

从图 5-14 及其局部放大图可以看出，尽管工况 12 的初始压应力峰值 σ_m 最大，工况 1 的最小，但随着应力波在土中的传播，工况 1 的 σ_{mi} 曲线位于局部放大图的最上层，而工况 12 的位于最下层，这说明工况 12 衰减得最快，工况 1 最慢。下面从拟合得到的各工况衰减指数看各工况衰减速度的差别。

对各工况还是去除前面几个单元跳跃性非常大的冲击波，对后面各单元的应力波及相对爆心距取对数后用 MATLAB 拟合，得到应力波衰减指数 α，见表 5-14。

表 5-14 不同湿密度和不同含水量黄土中条形药包爆炸挤密应力波衰减指数拟合

工况	$\ln\frac{r_i}{r_0}$与$\ln\sigma_{r_i}$拟合关系式	决定系数 R^2	衰减指数 α
1	$\ln\sigma_{r_i}=7.116-1.753\ln\frac{r_i}{r_0}$	0.9978	1.753
2	$\ln\sigma_{r_i}=7.194-1.777\ln\frac{r_i}{r_0}$	0.9973	1.777
3	$\ln\sigma_{r_i}=7.25-1.8\ln\frac{r_i}{r_0}$	0.9966	1.800
4	$\ln\sigma_{r_i}=7.274-1.820\ln\frac{r_i}{r_0}$	0.9966	1.820
5	$\ln\sigma_{r_i}=7.264-1.834\ln\frac{r_i}{r_0}$	0.9956	1.834
6	$\ln\sigma_{r_i}=7.313-1.851\ln\frac{r_i}{r_0}$	0.9924	1.851
7	$\ln\sigma_{r_i}=7.413-1.878\ln\frac{r_i}{r_0}$	0.9936	1.878
8	$\ln\sigma_{r_i}=7.404-1.873\ln\frac{r_i}{r_0}$	0.9927	1.873
9	$\ln\sigma_{r_i}=7.535-1.919\ln\frac{r_i}{r_0}$	0.9927	1.919
10	$\ln\sigma_{r_i}=7.534-1.913\ln\frac{r_i}{r_0}$	0.9958	1.913
11	$\ln\sigma_{r_i}=7.73-1.958\ln\frac{r_i}{r_0}$	0.9963	1.958
12	$\ln\sigma_{r_i}=7.908-2.035\ln\frac{r_i}{r_0}$	0.9960	2.035

从表 5-14 可以看出，各工况的应力波衰减指数 α 介于 1.753~2.035 之间，且随着黄土湿密度的增加而增加，对密度相同但含水量不同的工况 7 和 8、9 和 10，α 随着含水量的增加而减小。

将应力波衰减指数 α 与黄土的湿密度和含水量以 95%的置信度用 MATLAB 进行回归分析，得到三者的关系：

$$\alpha = 1.178\rho_0^2 - 0.00382\rho_0 w - 3.538\rho_0 + 0.01045w + 4.328 \quad (R^2 = 0.9887) \tag{5-7}$$

式中，ρ_0 为黄土湿密度，g/cm^3；w 为黄土含水量，%。

5.1.3.4 爆炸挤密黄土路堤塑性变形水平半径

模拟得到具有不同湿密度和含水量的各工况爆腔周围黄土的密度分布，如图5-15所示。

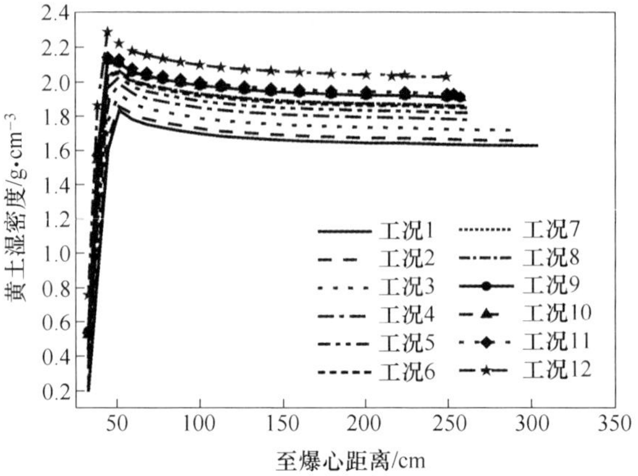

图 5-15 不同湿密度和含水量中黄土爆炸挤密后湿密度分布

从图5-15可以看出，各工况的水平影响范围不同，湿密度越大的工况影响范围越小。各工况的塑性变形水平半径见表5-15。

表 5-15 不同湿密度和不同含水量黄土的塑性变形水平半径 r_2

工况	1	2	3	4	5	6	7	8	9	10	11	12
r_2/cm	303.2	297.5	286.8	270.5	265.9	261.8	261.8	261.8	257.6	257.6	253.5	249.1

将表5-15中的 r_2 与黄土的湿密度和含水量以95%的置信度用MATLAB进行回归分析，得到三者的关系：

$$r_2 = 273.7\rho_0^2 - 2.35\rho_0 w - 1102\rho_0 + 4.297w + 1365 \quad (R^2 = 0.9938) \tag{5-8}$$

式中，ρ_0 为黄土湿密度，g/cm^3；w 为黄土含水量，%；r_2 为塑性变形水平半径，cm。

式（5-8）可用来根据实际的土壤情况估算半径为2.26cm的2号岩石乳化炸药条形药包的水平影响范围，进而设计施工方案。

5.1.3.5 爆炸挤密黄土路堤塑性变形程度

提取图5-15中各工况的最大密度值 ρ_{max} 及其位置 $r_{\rho_{max}}$，并计算最大压缩比 η_{max}，见表5-16。

表 5-16 不同湿密度和不同含水量中黄土爆炸挤密后密度特征值

工况	最大密度 $\rho_{max}/g\cdot cm^{-3}$	最大压缩比 η_{max}	密度峰值点爆心距 $r_{\rho_{max}}/cm$	$r_{\rho_{max}}/r_0$①
1	1.83	1.12	51.74	22.9
2	1.87	1.12	51.74	22.9
3	1.93	1.12	51.74	22.9
4	1.99	1.12	51.74	22.9
5	2.03	1.11	48.1	21.28
6	2.05	1.11	48.1	21.28
7	2.06	1.11	48.1	21.28
8	2.06	1.11	48.1	21.28
9	2.13	1.11	44.68	19.77
10	2.12	1.11	44.68	19.77
11	2.14	1.11	44.68	19.77
12	2.29	1.13	44.68	19.77

① r_0 为药包半径，cm。

从表 5-16 可以看出，各工况的 η_{max} 介于 1.11~1.13 之间，再结合第 4 章的研究结果可知，η_{max}受药包半径的影响较大。为了工程应用简单起见，不妨取其平均值作为半径为 2.26cm 的 2 号岩石乳化炸药条形药包的最大压缩比，即η_{max} = 1.116，该值与表 5-6 中各工况 η_{max}的平均值也比较相符。

将表 5-16 中最大密度点的相对爆心距 $r_{\rho_{max}}/r_0$ 与表 5-4、表 5-9、表 5-13 中的数据相结合可知，$r_{\rho_{max}}/r_0$ 受条形药包半径的影响非常小，受含水量的影响较小（只是由于受单元网格宽度的限制，表 5-9 中的数据没有显示出差别），但受黄土湿密度的影响较大。将表 5-16 中的 $r_{\rho_{max}}/r_0$ 以 95%的置信度用 MATLAB 进行回归分析，得到 $r_{\rho_{max}}/r_0$ 和黄土湿密度 ρ_0 和含水量 w 的关系：

$$r_{\rho_{max}}/r_0 = -10.87\rho_0^2 - 1.32\rho_0\omega + 50.54\rho_0 + 2.502w - 36.09 \quad (R^2 = 0.8504) \tag{5-9}$$

通过 η_{max}和式（5-9）可以确定条形药包周围黄土的最大密度 ρ_{max} 及其位置 $r_{\rho_{max}}$。

下面分析爆炸挤密黄土路堤塑性变形程度，即密度峰值点以外各点的压缩比 η_i 的分布规律。

截取图 5-15 中各工况密度峰值点以外的部分，将纵坐标变成压缩比，将横坐标变成相对爆心距，各点的压缩比分布如图 5-16（a）所示。对图 5-16（a）的横、纵坐标分别取自然对数，从而得到图 5-16（b）。

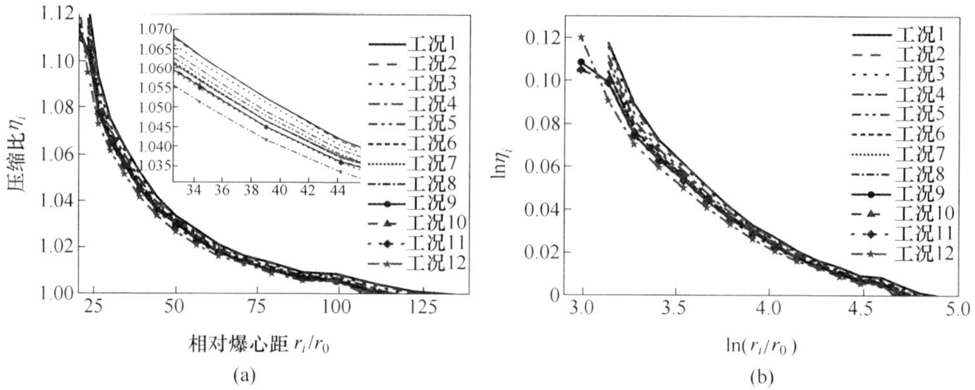

图 5-16　不同湿密度和含水量黄土爆炸挤密后水平压缩比分布

（a）水平压缩比对相对爆心距的分布；（b）水平压缩比对相对爆心距的对数分布

以 95%的置信度用 MATLAB 对图 5-16（b）中各曲线进行拟合，得到各工况的 $\ln\eta_i$ 与 $\ln(r_i/r_0)$ 之间成指数关系：

$$\ln\eta_i = a\mathrm{e}^{b\ln\left(\frac{r_i}{r_0}\right)} \tag{5-10}$$

式中，r_0 为条形药包半径，cm；r_i 为各点爆心距，cm；η_i 为爆心距 r_i 处的黄土压缩比，a、b 为系数。

各工况的拟合结果见表 5-17。

表 5-17　不同湿密度不同含水量黄土爆炸挤密后压缩比与相对爆心距的指数拟合

工况	指数拟合表达式	R^2	系数 a	系数 b
1	$\ln\eta_i = 24.46\mathrm{e}^{-1.705\ln\left(\frac{r_i}{r_0}\right)}$	0.9927	24.46	-1.705
2	$\ln\eta_i = 25.11\mathrm{e}^{-1.716\ln\left(\frac{r_i}{r_0}\right)}$	0.9914	25.11	-1.716
3	$\ln\eta_i = 25.93\mathrm{e}^{-1.732\ln\left(\frac{r_i}{r_0}\right)}$	0.9901	25.93	-1.732
4	$\ln\eta_i = 25.84\mathrm{e}^{-1.741\ln\left(\frac{r_i}{r_0}\right)}$	0.9884	25.84	-1.741
5	$\ln\eta_i = 27.21\mathrm{e}^{-1.765\ln\left(\frac{r_i}{r_0}\right)}$	0.9881	27.21	-1.765
6	$\ln\eta_i = 27.95\mathrm{e}^{-1.775\ln\left(\frac{r_i}{r_0}\right)}$	0.9872	27.95	-1.775
7	$\ln\eta_i = 29.5\mathrm{e}^{-1.782\ln\left(\frac{r_i}{r_0}\right)}$	0.9827	29.50	-1.782
8	$\ln\eta_i = 30.33\mathrm{e}^{-1.779\ln\left(\frac{r_i}{r_0}\right)}$	0.9735	30.33	-1.779
9	$\ln\eta_i = 31.94\mathrm{e}^{-1.805\ln\left(\frac{r_i}{r_0}\right)}$	0.9865	31.94	-1.805

续表 5-17

工况	指数拟合表达式	R^2	系数 a	系数 b
10	$\ln\eta_i = 31.08e^{-1.795\ln\left(\frac{r_i}{r_0}\right)}$	0.9852	31.08	−1.795
11	$\ln\eta_i = 33.3e^{-1.827\ln\left(\frac{r_i}{r_0}\right)}$	0.9847	33.30	−1.827
12	$\ln\eta_i = 51.3e^{-1.961\ln\left(\frac{r_i}{r_0}\right)}$	0.9908	51.30	−1.961

从表 5-17 可以看出，系数 a、b（绝对值）均随着黄土湿密度的增加而增加；由湿密度相同的工况 7 和 8、9 和 10 可以看出，系数 a 比较相近，系数 b 随着含水量的增加略有减小。

以 95%的置信度用 MATLAB 进行回归分析，分别得到系数 a、b 与黄土湿密度 ρ_0 和含水量 w 的关系：

$$a = 248.5\rho_0^2 - 4.164\rho_0 w - 785.5\rho_0 + 7.657w + 631.7 \quad (R^2 = 0.9606) \tag{5-11}$$

$$b = -(1.747\rho_0^2 - 0.01628\rho_0 w - 5.564\rho_0 + 0.02932w + 6.098) \quad (R^2 = 0.9737) \tag{5-12}$$

5.1.3.6 爆炸挤密黄土路堤垂向影响范围

各工况药包顶端上方以及药包底端下方的黄土密度分布如图 5-17 所示。

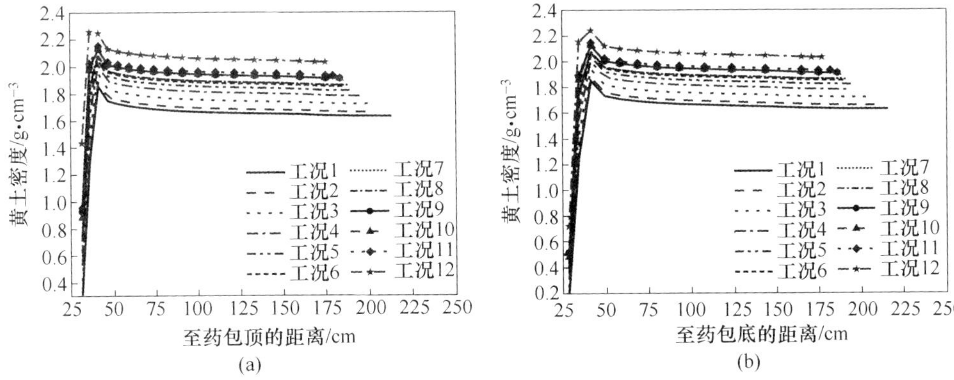

图 5-17 不同湿密度和含水量中黄土药包上方（a）和下方（b）密度分布

从图 5-17 可以看出，各工况的垂向影响范围随着湿密度的增加而减小；由于单元宽度，含水量的影响没有体现。

当爆炸挤密后黄土的压实度达到90%时，各工况的目标湿密度 $\rho_{目标}$，上、下

影响范围 h_{ta} 和 h_{ba}，以及下有效影响范围 h_{bea} 见表 5-18。

表 5-18　条形药包爆炸挤密不同湿密度和含水量黄土路堤垂向影响范围

工况	爆前压实度/%	$\rho_{目标}$/g·cm^{-3}	h_{ta}/cm	h_{ba}/cm	h_{bea}/cm
1	74.81	1.961	212.61	215.62	无
2	74.96	1.993	208.07	210.57	无
3	78.73	1.966	202.37	204.68	39.42
4	80.79	1.983	197.16	199.38	42.74
5	85.98	1.905	192.36	195.28	55.5
6	85.27	1.953	188.11	190.21	48.56
7	85.81	1.951	188.11	190.21	52.25
8	84.63	1.978	188.11	190.21	45.56
9	90.31	1.904	183.26	185.6	全部
10	87.06	1.975	183.26	185.6	64.94
11	86.2	2.015	179.17	181.5	53.5
12	94.22	1.939	174.88	176.59	全部

从表 5-18 可以看出，h_{bea} 受湿密度和含水量两个因素共同的影响较大；工况 1 和 2 无法用半径为 2.26cm 的条形药包将其垂向的压实度挤密至 90%；工况 9 和 12 由于其初始压实度分别为 90.3% 和 94.2%，均超过了 90%，故全部满足压实度要求。

以 95% 的置信度用 MATLAB 进行回归分析，分别得到 h_{ta}、h_{ba}、h_{bea} 与黄土湿密度 ρ_0 和含水量 w 的关系：

$$h_{ta} = 56.04\rho_0^2 - 1.787\rho_0 w - 274.2\rho_0 + 3.08w + 507.8 \quad (R^2 = 0.9947) \tag{5-13}$$

$$h_{ba} = 61.64\rho_0^2 - 0.5424\rho_0 w - 317\rho_0 + 0.6973w + 571.3 \quad (R^2 = 0.9955) \tag{5-14}$$

$$h_{bea} = 2066\rho_0^2 - 153.6\rho_0 w + 1.869w^2 - 4848\rho_0 + 220.6w + 2482 \quad (R^2 = 0.9967) \tag{5-15}$$

式中，ρ_0、w 的含义和量纲同前；h_{ta}、h_{ba}、h_{bea} 分别是药包的上、下及下有效影响范围，cm。

在爆炸挤密黄土路堤的方案设计中，式（5-13）~式（5-15）可用于确定条形药包在路堤垂向的布置位置，以免影响到上面的路面结构、路堤下面地下设施的安全，同时保证路堤垂向的爆炸挤密效果。

5.2 炸药参数的影响

炸药是单独或彼此混合在一起的固体、胶体或液体。从热力学意义上说，它们处于亚稳定状态，在没有外界反应物（如大气中的氧）的参与下，外界一微小能量的作用就能使该物质发生高速化学反应，放出热和形成气体产物（有的为微量固体），体系处于高温、高压、高能量密度状态，作用于周围介质而做功。由于炸药在爆炸瞬间产生巨大功率，基于这一特点，它可应用于军事方面，称为军用炸药；也可应用于和平建设方面，称为工业炸药或民用炸药[77]。

作为工业炸药，还应具有足够的爆炸能量；具有适合的感度，保证使用、运输、搬运等环节的安全，并能被8号雷管或其他引爆体直接引爆；具有一定的化学安定性，在储存中不易变质、老化、失效或爆炸，且具有一定的储存期；爆炸生成的有毒气体少；原材料来源广、成本低廉、便于生产加工；生产过程中，不产生或少产生废水、废气及固体废弃物等，且可以处理，易实现达标排放，不增加对环境的污染，不影响生态平衡[62]。

炸药的分类方法很多，一般根据炸药的用途、物理形态、使用条件和组成来分类。

炸药按用途分为起爆药、猛炸药、发射药和烟火剂；按物理形态分为固体、液体、塑体或胶体、气相炸药，前三种又称为凝聚体炸药；按使用条件分为煤矿许用炸药、岩石炸药（如1号、2号、抗水2号、抗水3号、抗水4号岩石铵梯炸药等）、露天炸药等；按组成分为化合炸药和混合炸药。

化合炸药又称单质炸药，是指由碳、氢、氧、氮等元素以一定的结构存在于同一分子中，并能自身发生氧化还原反应的物质。包括单质起爆药（常用的有雷汞、叠氮化铅和二硝基重氮酚等）和单质猛炸药。工业上常用的单质猛炸药有TNT、黑索金（RDX）、泰安（PETN）、硝化甘油等。

混合炸药是由两种或两种以上化合成分混合制成，含有氧化剂和可燃剂两部分。常用的有铵锑炸药、铵油炸药、含水硝铵类炸药（包括浆状炸药、水胶炸药和乳化炸药等）和硝化甘油类炸药等。

炸药的参数主要有密度、爆速、爆压、做功能力和猛度、生成焓、爆热、爆温、爆容等，其中炸药的密度、爆速、爆压和做功能力等关于能量方面的参数，即JWL状态方程（3-5）中涉及的参数及其相关参数，对爆炸挤密黄土的效果影响较大[78,79]。

本节共研究8种工况，即8种炸药，各种炸药的主要材料参数见表5-19。

表 5-19 炸药材料参数

编号	炸药名称	ρ_e /g·cm^{-3}	D_e /km·s^{-1}	p/GPa	A/GPa	B/GPa	R_1	R_2	w	E/kJ·cm^{-3}
1	2号岩石乳化炸药	1.31	3.2	9.9	214.4	0.182	4.20	0.90	0.15	41.9

续表 5-19

编号	炸药名称	ρ_e /g · cm^{-3}	D_e /km · s^{-1}	p/GPa	A/GPa	B/GPa	R_1	R_2	w	E/kJ · cm^{-3}
2	3 号岩石炸药[80]	1.23	4.3	16.5	42.0	0.440	3.55	0.16	0.41	31.0
3	TNT（国内）[81]	1.58	6.9	19.4	307.0	3.900	4.50	0.80	0.30	66.2
4	TNT（国外）[81]	1.63	6.9	21.0	371.2	3.231	4.15	0.95	0.30	70.0
5	太安 PETN1[82]	1.26	6.5	14.0	573.1	20.160	6.00	1.80	0.28	71.9
6	太安 PETN2[82]	1.50	7.5	22.0	625.3	23.290	5.25	1.60	0.28	85.6
7	太安 PETN3[82]	1.77	8.3	33.5	617.0	16.926	4.40	1.20	0.25	101.0
8	铝纤维炸药[81]	1.72	7.8	25.0	752.0	12.00	4.40	1.30	0.33	106.3

表 5-19 中各参数的含义见第 3.2.2 节。相对于炸药参数中的 A、B、R_1、R_2 和 w 来说，密度 ρ_e、爆速 D_e、爆压 p 和单位体积能量 E 更加重要和相对独立。

在此之所以说 4 个参数“相对独立”，是因为它们不是真正的彼此不相关，例如：增大炸药密度，就可以提高单位体积炸药的能量密度，同时也提高了爆速；爆压越大，说明爆轰气体产物中含有的能量越大，对土体的挤密作用越显著。

之所以说它们更加重要，主要是因为炸药爆炸挤密土体是靠其释放的能量做功。炸药密度是炸药能量密度的一种体现；爆速是炸药本身影响其能量有效利用的一个重要指标，不同爆速的炸药在土壤内爆炸激起应力波的参数不同，从而对爆炸挤密土体的效果有着明显的影响，若炸药的密度相同，提高爆速可以大大增大应力波的应力峰值，但相应地减小了它的作用时间；爆压是爆炸压力的简称，对爆炸挤密效果的影响很大，对药包周围土体起胀裂、推移的作用；而炸药单位体积的能量更是直接影响爆炸挤密作用和挤密效果。故在后面的小节中，只讨论爆炸挤密规律和这 4 个主要参数的关系。

各工况条形药包的药量相等，均采用 5kg，药包横截面半径均为 2.26cm，药包长度按照表 5-19 中的炸药密度计算得到，分别为：238.0cm、253.3cm、197.3cm、191.3cm、247.4cm、207.8cm、176.1cm 和 181.3cm。

有限元几何模型的组成如图 4-1 所示，空气的材料参数见表 3-3，黄土的材料参数见表 4-1，路面各结构层的材料参数见表 4-2；模型的水平半径 $R=400$cm，药包上下的土体高度分别为 $h_1=h_2=300$cm；计算时间为 12ms。

5.2.1　爆腔体积和水平半径

上述 8 种炸药的 1/4 爆腔体积-时间历程曲线如图 5-18 所示。从该图可以看出，尽管药量和黄土参数相同，但各种炸药最终形成的 1/4 爆腔体积、爆腔发展速度和稳定时间均不同。各种炸药的1/4爆腔体积、稳定时间以及爆腔圆柱体部分的水平半径见表5-20。

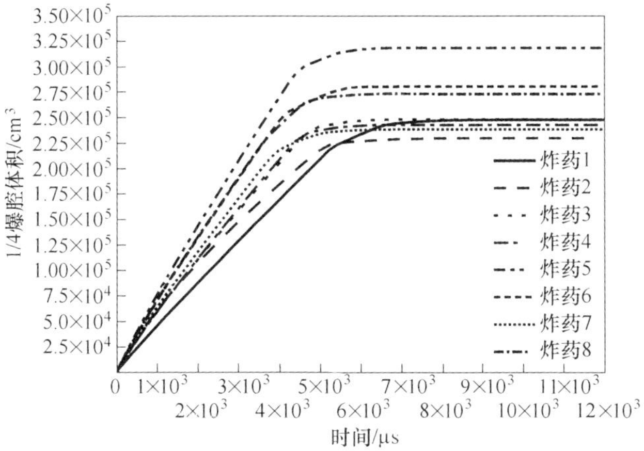

图5-18 各条形药包产生的1/4爆腔体积-时间历程曲线

表5-20 各条形药包在黄土中产生的爆腔几何尺寸及其稳定时间

炸药编号	1	2	3	4	5	6	7	8
1/4 爆腔体积 V/cm³	247730	229735	248243	242748	318709	280713	238358	273433
1/4 药包体积 V_0/cm³	954.20	1015.43	791.14	766.87	992.06	833.33	706.21	726.74
V/V_0	259.62	226.24	313.78	316.54	321.26	336.86	337.51	376.24
稳定时间/μs	10000	9800	8800	8000	8200	8200	8000	7000
爆腔圆柱体半径 r_1/cm	32.23	32.23	36.68	36.68	36.68	36.68	41.41	41.41
$r_1/r_0$①	14.26	14.26	16.23	16.23	16.23	16.23	18.33	18.33

① r_0 为条形药包半径，cm。

从表5-20可以看出，同样是5kg炸药，引起的爆腔体积 V 由大到小的顺序是：太安PETN1 > 太安PETN2 > 铝纤维炸药 > 国产TNT > 2号岩石乳化炸药 > 国外TNT > 太安PETN3 > 3号岩石炸药；而爆腔体积与药包的原始体积之比 V/V_0 按由大到小的顺序是：铝纤维炸药 > 太安PETN3 > 太安PETN2 > 太安PETN1 > 国外TNT > 国产TNT > 2号岩石乳化炸药 > 3号岩石炸药；爆腔圆柱体半径 r_1 及其与药包半径之比 r_1/r_0 由大到小的顺序与 V/V_0 的顺序更为接近，只是由于单元宽度，致使有些相近的 r_1 和 r_1/r_0 显示相等。此外，从表5-20还可以看出，各药包爆腔的稳定时间介于7~10ms之间，与表5-19相结合可得，除第7种炸药即太安PETN3外，爆腔稳定时间大体上与炸药的爆速成反比，即爆速越大，稳定所需时间越短。考虑到只要将计算时间设置得足够长，能够涵盖稳定时间即可，故在此不再讨论它和炸药参数的关系。

相对于爆腔体积来说，V/V_0 比 V 更能反映炸药的扩孔能力，而且可以涵盖 r_1 和 r_1/r_0 的变化规律，V/V_0 随炸药密度 ρ_e、爆速 D_e、爆压 p 和单位体积能量 E 的变化情况如图 5-19 所示。

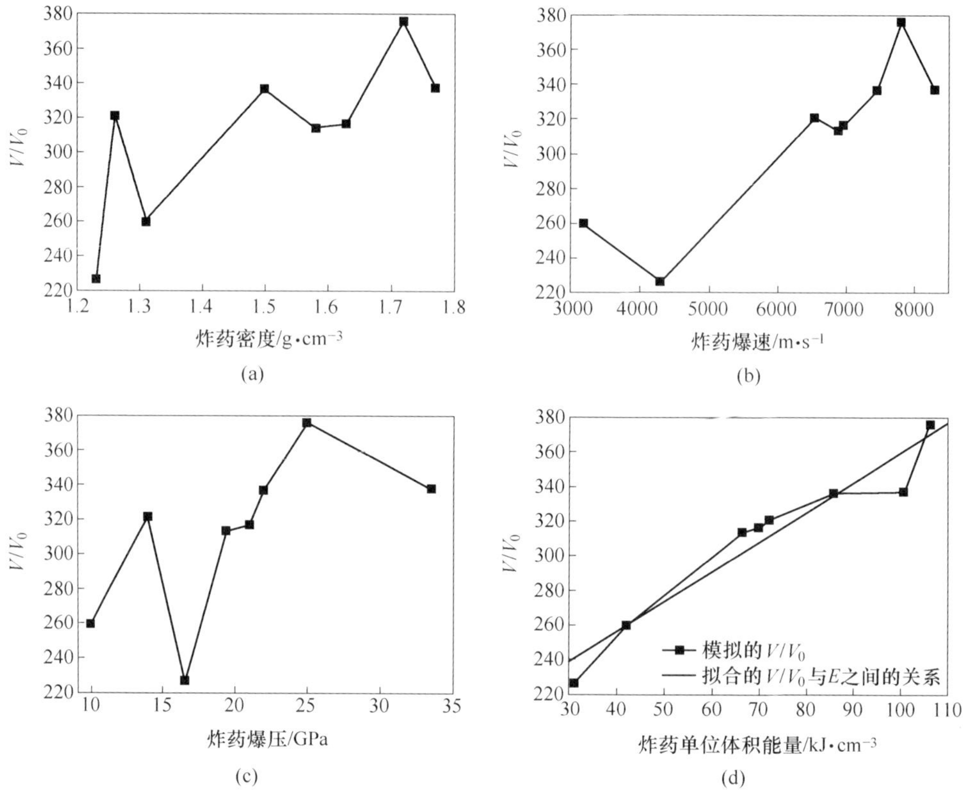

图 5-19　爆腔体积与药包体积之比与炸药主要参数的关系

（a）V/V_0 与炸药密度的关系；（b）V/V_0 与炸药爆速的关系；

（c）V/V_0 与炸药爆压的关系；（d）V/V_0 与炸药单位体积所含能量的关系

在图 5-19 的 4 个图中，显然 V/V_0 与炸药的单位体积能量 E 相关性最强，且呈正相关性；与其他三个参数总体上是正相关的，因为它们的总体趋势是上升的，只是有一定的波动。

以 95%的置信度用 MATLAB 进行线性拟合，得到 V/V_0 与 E 的关系如下：

$$V/V_0 = 1.731E + 186.9 \quad (R^2 = 0.9267) \tag{5-16}$$

式中，V 为爆腔体积，cm^3；V_0 为条形药包体积，cm^3；E 为炸药单位体积能量，kJ/cm^3。

该关系式可根据炸药的 E 值预估爆腔体积 V，从而有助于制定施工方案，合理准备爆腔填充材料的土石方量。

5.2.2 爆炸挤密黄土路堤水平塑性变形程度和范围

本节所涉及的 8 种炸药爆炸挤密后，爆腔周围的黄土密度在水平方向的分布如图 5-20 所示。

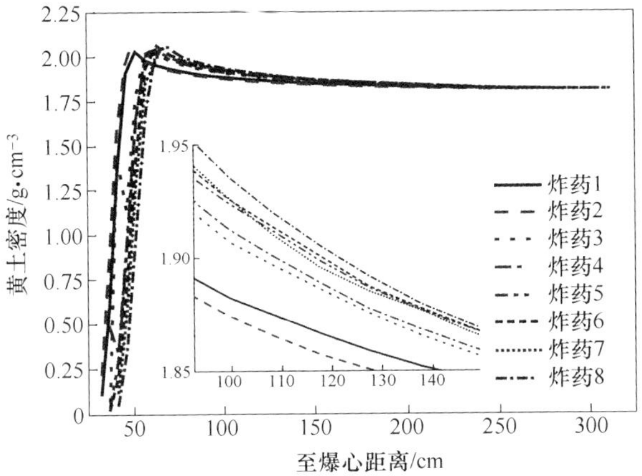

图 5-20 各种炸药爆炸挤密后黄土密度在水平方向的分布

从图 5-20 及其局部放大图可以看出，2 号岩石乳化炸药和 3 号岩石炸药爆腔周围的密度分布比较接近，另外 6 种炸药的比较接近；各种炸药引起的密度峰值相差不多，但后面 6 种炸药引起的密度峰值点爆心距要大于前面两种炸药引起的。从局部放大图可以看出，在密度峰值点以外的相同爆心距处，土壤密度从大到小的顺序是：铝纤维炸药 > 太安 PETN3 > 太安 PETN2 > 太安 PETN1 > 国外 TNT > 国产 TNT > 2 号岩石乳化炸药 > 3 号岩石炸药。各种炸药引起的密度峰值 ρ_{max} 及其爆心距 $r_{\rho_{max}}$，以及塑性变形水平半径 r_2 等见表 5-21。

表 5-21 各种炸药条形药包爆炸挤密后黄土密度水平分布特征值

炸药编号	1	2	3	4	5	6	7	8
密度峰值 ρ_{max}/g · cm^{-3}	2.028	2.026	2.036	2.038	2.050	2.062	2.053	2.052
最大压缩比 η_{max}	1.120	1.119	1.125	1.126	1.132	1.139	1.134	1.134
密度峰值点爆心距 $r_{\rho_{max}}$/cm	51.78	48.53	57.46	60.59	61.70	63.49	66.59	69.89
$r_{\rho_{max}}/r_0$ ①	22.91	21.47	25.42	26.81	27.30	28.09	29.46	30.93
塑性变形水平半径 r_2/cm	285.24	266.22	290.69	295.17	298.28	303.28	311.43	315.50
r_2/r_0 ①	126.21	117.80	128.62	130.61	131.98	134.19	137.80	139.60

① r_0 为药包半径，cm。

从表 5-21 可以看出，密度峰值 ρ_{max} 介于 2.026～2.062g/cm^3 之间，相应的最

大压缩比 η_{max} 介于 1.119~1.139 之间，总体变化幅度不大；从图 5-20 可知，ρ_{max} 或 η_{max} 与炸药的密度、爆速和爆压都不太相关，在单位体积能量 E 不大于 85600J/cm^{3}时（即前 6 种炸药），ρ_{max} 与 E 具有很强的正相关性，但在炸药 7 和 8 时又变为负相关，总之，二者表现为曲线相关。

密度峰值点的爆心距 $r_{\rho_{max}}$、塑性变形水平半径 r_2 及其相对爆心距 r_2/r_0 均与炸药的单位体积能量 E 呈正相关性，与炸药的其他三个参数相关性不大，如图 5-21所示。从该图可以看出，ρ_{max} 在 4 个参数的分布上都有一个峰值点，分别在炸药密度为 1.5g/cm^3、爆速为 7500m/s、爆压 25GPa、单位体积能量 85kJ/cm^{3}附近达到。

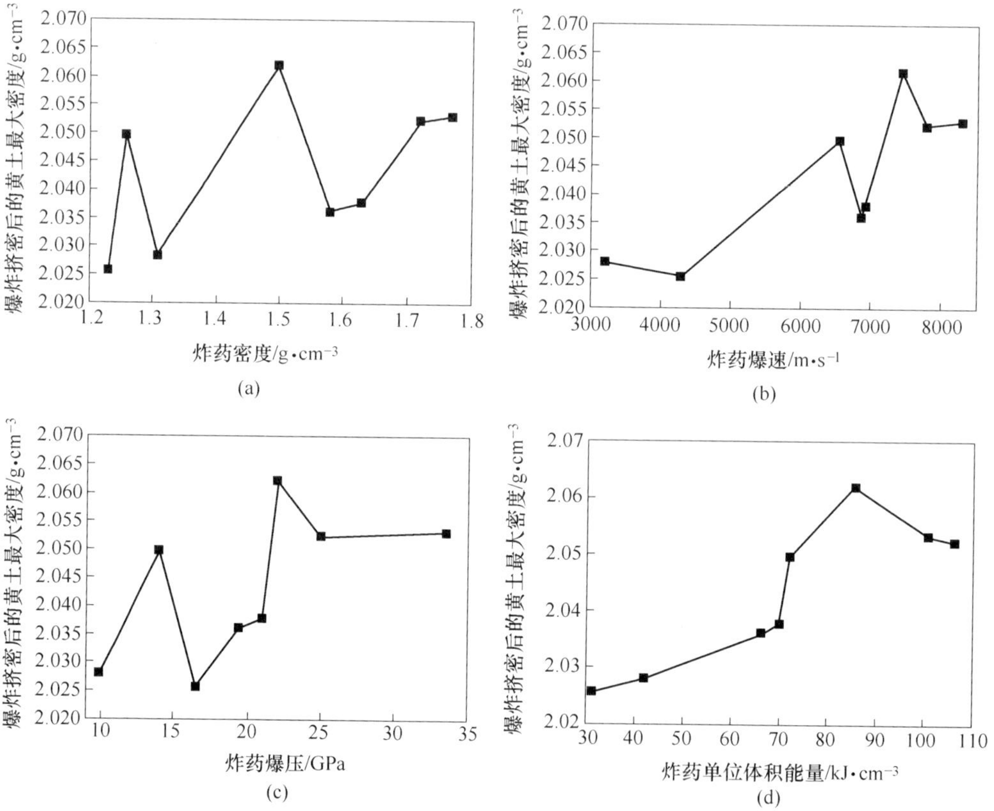

图 5-21　爆炸挤密后的黄土最大密度 ρ_{max} 与炸药主要参数的关系；
（a）ρ_{max} 与炸药密度的关系；（b）ρ_{max} 与炸药爆速的关系；
（c）ρ_{max} 与炸药爆压的关系；（d）ρ_{max} 与炸药单位体积所含能量的关系

从图 5-22 可以看出，$r_{\rho_{max}}$ 和 r_2 与炸药的 4 个主要参数总体上都呈正相关的趋势，但与之相关性最好的是炸药的单位体积能量 E。

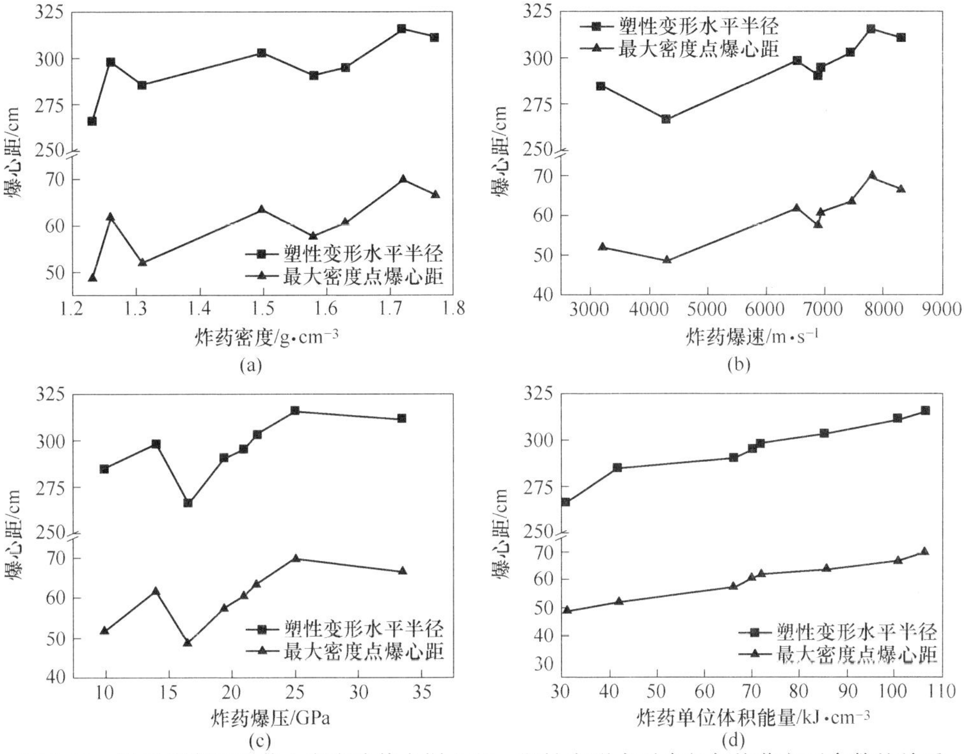

图 5-22 爆炸挤密后的黄土密度峰值点爆心距、塑性变形水平半径与炸药主要参数的关系

（a）$r_{\rho_{max}}$、r_2 与炸药密度的关系；（b）$r_{\rho_{max}}$、r_2 与炸药爆速的关系；

（c）$r_{\rho_{max}}$、r_2 与炸药爆压的关系；（d）$r_{\rho_{max}}$、r_2 与炸药单位体积所含能量的关系

由于表 5-21 中黄土密度峰值点的相对爆心距 $r_{\rho_{max}}/r_0$ 和塑性变形水平半径与药包半径之比 r_2/r_0 与炸药参数的关系和 $r_{\rho_{max}}$ 和 r_2 的相同，下面以 95%的置信度用 MATLAB 分别拟合 r_2/r_0 和 $r_{\rho_{max}}/r_0$ 与炸药单位体积所含能量的关系式：

$$r_2/r_0 = 0.256E + 112.5 \quad (R^2 = 0.9459) \tag{5-17}$$

$$r_{\rho_{max}}/r_0 = 0.12E + 17.94 \quad (R^2 = 0.9798) \tag{5-18}$$

式中，E 为炸药单位体积能量，kJ/cm^3。

式（5-17）和式（5-18）可用于爆炸挤密黄土路堤施工方案的设计。拟合关系式和数值模拟值的对比如图 5-23 所示。

5.2.3 作用于炮孔壁的初始压应力峰值

8 种炸药的条形药包爆炸挤密黄土路堤产生的压应力峰值分布如图 5-24 所示。从该图可以看出，作用于炮孔壁的初始压应力峰值 σ_m 相差比较悬殊，具体见表 5-22。

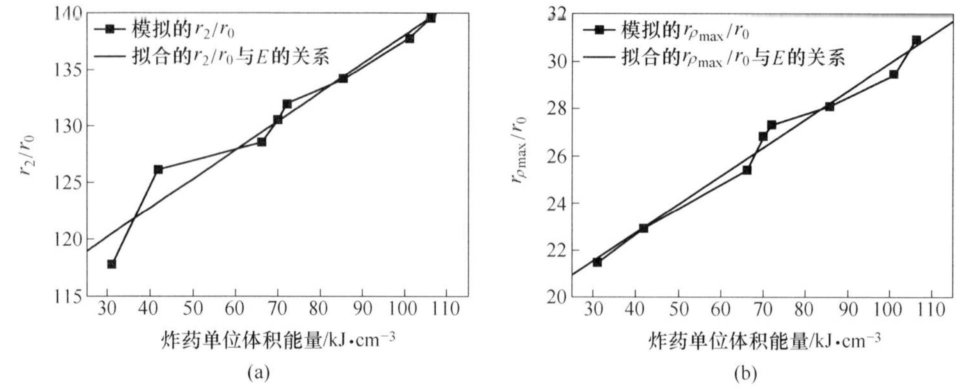

图 5-23　r_2/r_0（a）和 $r_{\rho_{max}}/r_0$（b）与炸药单位体积能量 E 的拟合直线与模拟值对比图

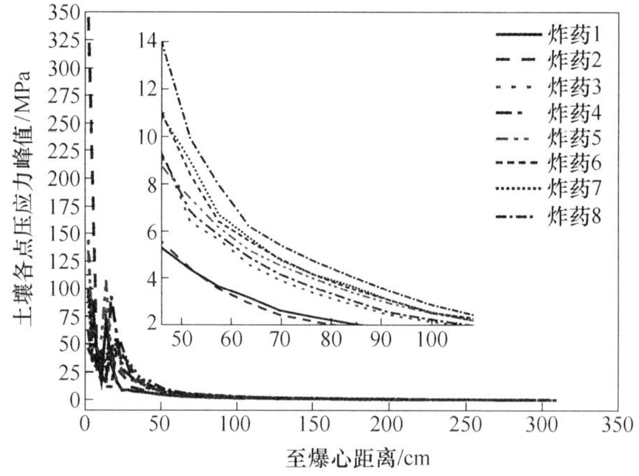

图 5-24　不同炸药条形药包爆炸挤密黄土的压应力峰值分布

表 5-22　各种炸药条形药包爆炸挤密黄土作用于炮孔壁的初始压应力峰值 σ_m

炸药编号	1	2	3	4	5	6	7	8
σ_m/MPa	92.406	344.417	142.898	98.049	133.469	45.361	93.308	60.782

从图 5-24 的局部放大图可以看出，冲击波过后，传播于黄土中应力波还是分成了两组，炸药 1 和 2 为一组，炸药 3～8 为一组，显然单位体积所含能量 E 高的一组的应力波要大于 E 值低的一组；在每一组中，E 值高的炸药在相同爆心距处的应力波要大于 E 值低的；而且 E 值高的条形药包应力波的衰减速度要低于 E 值低的条形药包，从而产生更大的塑性变形水平半径 r_2，这一点将表 5-19 和表 5-21 相结合也可以看出。

作用于炮孔壁的初始压应力峰值 σ_m 与炸药密度、爆速、爆压、单位体积能量 E 的关系如图 5-25 所示。

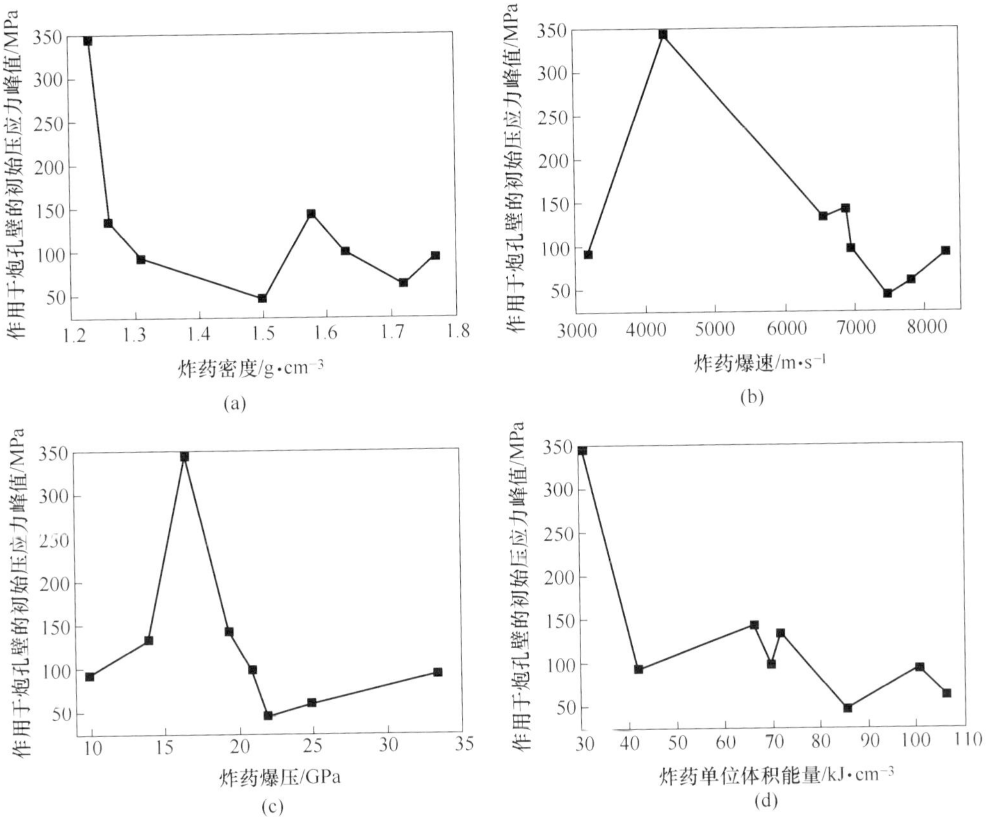

图 5-25 作用于炮孔壁的初始压应力峰值 σ_m 与炸药主要参数的关系

(a) σ_m 与炸药密度的关系；(b) σ_m 与炸药爆速的关系；

(c) σ_m 与炸药爆压的关系；(d) σ_m 与炸药单位体积所含能量的关系

从图 5-25 可以看出，σ_m 与 4 个参数都没有呈现出明显的相关性，但实际上，σ_m 与这 4 个参数都是相关的，而且提高其中的任何一项，都有助于 σ_m 的提高。只是在所研究的 8 种工况中，4 个参数是同时变化的，所以 σ_m 与它们单独的相关性被掩盖了。

此外，由式（4-8）可知，r_2 本应随着 σ_m 的增大而增大，但从表 5-22 可以看出，炸药 2（即 3 号岩石炸药）产生的 σ_m 最大，达到 344.1MPa，而它产生的塑性变形水平半径 r_2 最小，为 266.22cm；如果将 σ_m 从大到小排列，炸药 8（即铝纤维炸药）产生的 σ_m 排倒数第二位，而它产生的 r_2 最大，为 315.50cm。这说明，对于同样的黄土来说，应力波的衰减指数 α 对 r_2 起着非常大的作用。

为了显示清楚，将炸药 2 及炸药 8 的压应力峰值分布从图 5-24 中分离出来，如图 5-26 所示。

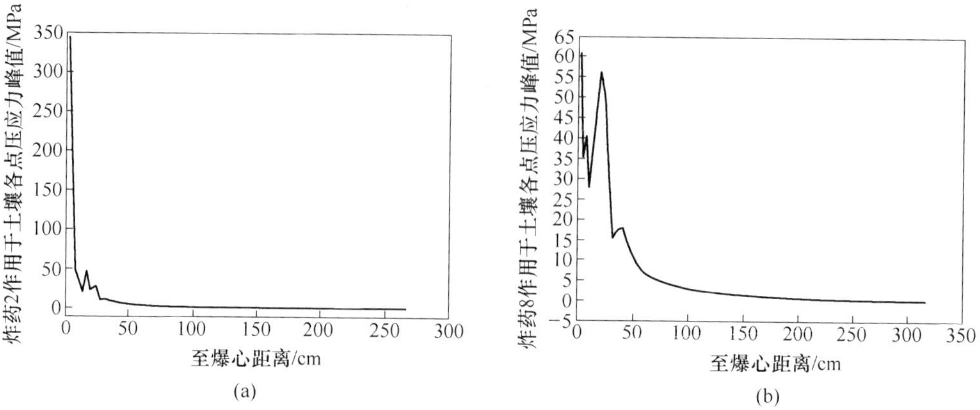

图 5-26　炸药 2（a）和炸药 8（b）作用于黄土的压应力水平方向分布

将图 5-26（a）和（b）相比较可以看出，尽管炸药 2 作用于炮孔壁的初始压应力峰值 σ_m 很大，但后面再没有较大的峰值出现，在爆心距为 16.88cm 处出现的压应力峰值为 44.593MPa，因而衰减较快，最终消失在爆心距为 266.22cm 处；而炸药 8 的 σ_m 仅是炸药 2 的 17.6%，但在爆心距为 20.38cm 处又出现了较大的峰值点，为 55.134MPa，所以衰减得较慢，直至到达爆心距为 315.50cm 处。

综上所述，在式（4-8）中，尽管 σ_m 很重要，但应力波衰减指数 α 也非常重要；此外，α 不仅反映应力波在土中的衰减规律，而且还隐含反映了冲击波的衰减规律。但不同的炸药，其冲击波衰减规律具有很大的差别。

5.2.4　爆炸挤密黄土路堤垂向塑性变形范围

爆炸挤密后，各药包上方及下方的黄土湿密度分布如图 5-27 所示。

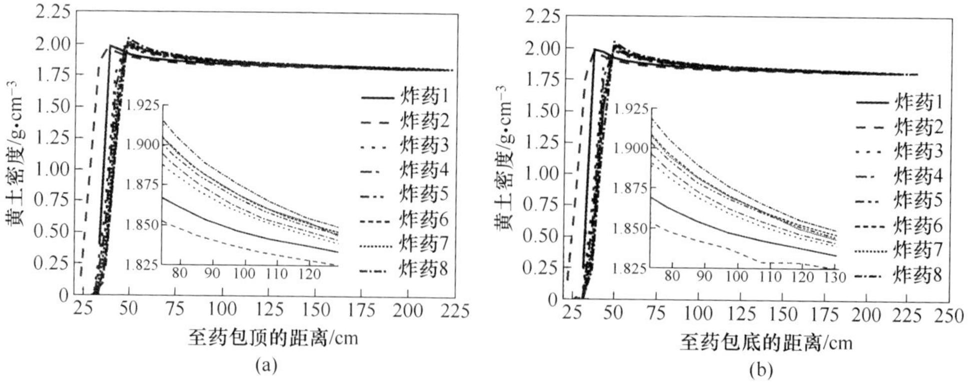

图 5-27　不同炸药药包上方（a）和下方（b）的黄土密度分布

从图 5-27 可以看出，药包上下方的黄土密度分布特征非常相似，只是影响范围稍有差异。

当爆炸挤密后黄土的压实度达到 90%时，其目标湿密度 $\rho_{目标}=1.968g/cm^3$，由此确定其下有效影响范围 h_{bea}。8 种炸药引起的上、下影响范围 h_{ta} 和 h_{ba}，以及 h_{bea} 见表 5-23。

表 5-23 不同炸药条形药包爆炸挤密黄土路堤垂向影响范围

炸药编号	1	2	3	4	5	6	7	8
h_{ta}/cm	208.02	190.41	212.71	214.38	215.62	217.75	222.60	224.56
h_{ba}/cm	210.06	191.68	214.04	216.08	218.85	222.26	225.68	229.96
h_{bea}/cm	41.99	38.13	50.18	52.09	53.79	54.84	54.83	58.78

将表 5-23 和表 5-21 相结合可以看出，h_{ta}、h_{ba} 和 h_{bea} 的变化趋势和 r_2 相同，故可知它们也和炸药单位体积能量 E 相关性最好，且呈线性正相关。

将表 5-23 中的数值以及表 5-19 中的 E 值以 95%的置信度分别拟合，得到 h_{ta}、h_{ba}、h_{bea} 与 E 的关系如下：

$$h_{ta}=0.376E+186.3 \quad (R^2=0.8618) \tag{5-19}$$

$$h_{ba}=0.4211E+185.9 \quad (R^2=0.8850) \tag{5-20}$$

$$h_{bea}=0.255E+32.29 \quad (R^2=0.9093) \tag{5-21}$$

式中，E 为炸药单位体积能量，kJ/cm³；h_{ta} 为最上方影响点至药包顶的距离，cm；h_{ba} 为最下方影响点至药包底的距离，cm；h_{bea} 为最下方有效影响点至药包底的距离，cm。

在设计爆炸挤密施工技术方案的过程中，式（5-19）~式（5-21）可用于设计条形药包在路堤垂向的布置位置，但需要注意的是，它们只适用于药包半径 $r_0=2.26$cm 的情况。

拟合的 h_{ta}、h_{ba}、h_{bea} 与 E 的关系直线及模拟结果的对比如图 5-28 所示。

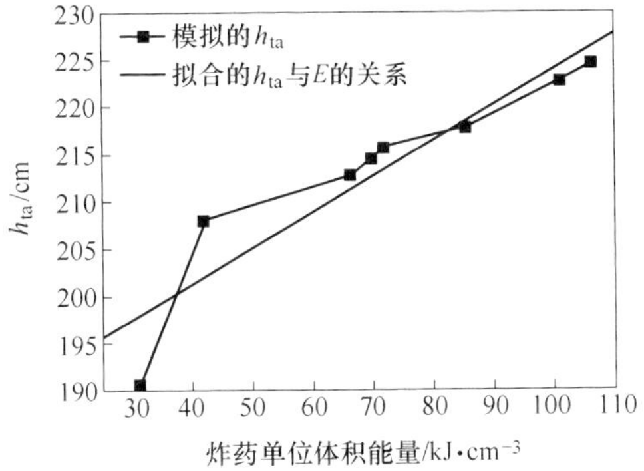

(a)

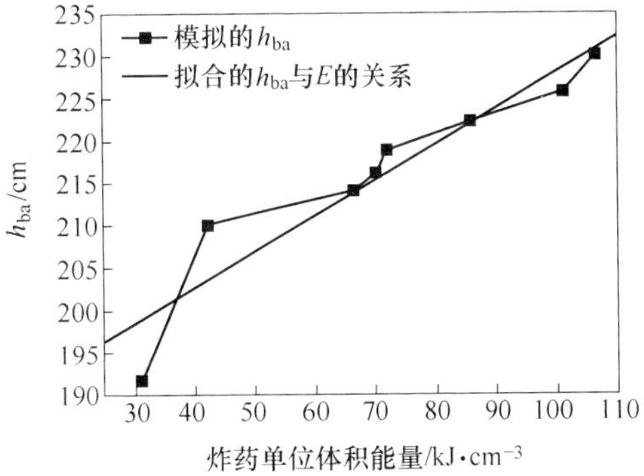

(b)

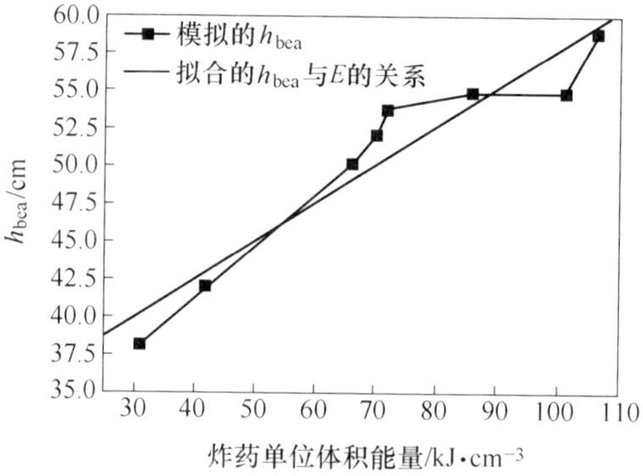

(c)

图 5-28　h_{ta}(a)、h_{ba}(b)、h_{bea}(c) 与炸药单位体积能量 E 的拟合直线与模拟值对比

综合 5.2 节的分析结果得出，爆破中对于致密坚硬岩石应选用能量较高、能量释放较快的炸药；而对于塑性变形较大的软岩（如土壤），则应采用单位体积能量 E 不必太高、但应力作用较长、冲击波衰减缓慢的炸药，以提高炸药能量的利用率，而不能仅仅要求其能产生大的 σ_m 值。在为爆炸挤密黄土选择炸药的过程中，也应尽可能遵循这个原则。

5.3　径向不耦合系数的影响

前面章节研究的都是径向耦合的条形药包。所谓耦合，即药包直径与炮孔直径相同，药包和炮孔壁之间不留间隙；而不耦合装药，即药包直径小于炮孔直径，炸药和炮孔壁之间留有间隙。在岩石爆破中，不耦合装药能够改善爆炸能量在传递过程中的匹配关系，延迟爆炸脉冲持续时间，改善爆炸质量[83~90]。考虑到土壤与岩石的差别，在土壤中是不是也是如此，还需研究。下面研究径向不耦合装药对爆炸挤密黄土路堤规律的影响。

本节根据不耦合系数的不同，共研究 7 种工况。不耦合系数是爆炸术语，是控制爆炸很重要的参数，指的是装药孔直径与药包直径之比，一般取值范围在 1.0~2.0。但土体的塑性与岩石相比相差悬殊，且爆炸挤密是以提高土体密度为目的，故不耦合系数 K 不宜设置过大。这里取 K=1.0~1.6 之间，相邻工况的变化幅度为 0.1。

各工况的有限元几何模型构造如图 5-29 所示。从而不耦合系数 $K=R_0/r_0$。

各工况条形药包均采用药量为 5kg 的 2 号岩石乳化炸药，横截面半径均为 2.26cm，药包长度为 238.0cm；模型土体的水平半径 R = 400cm；药包上下方的土体高度分别为 $h_1=h_2$ = 300cm；计算时间为 12000μs。

炸药的材料参数见表 3-2；空气的材料参数见表 3-3；黄土的材料参数见表 4-1;路面各结构层的材料参数见表 4-2。

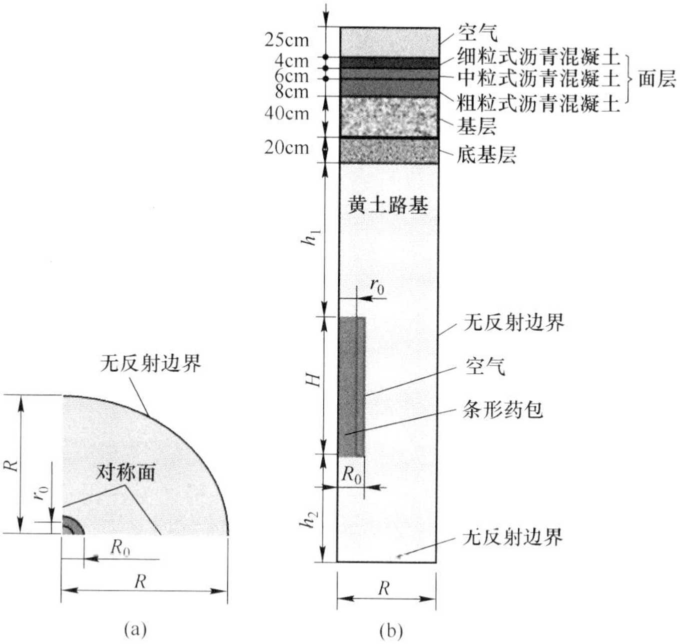

图 5-29 径向不耦合装药有限元几何模型

（a）横截面图；（b）立面图

r_0—炮孔半径，通常指钻头半径[91]

5.3.1 爆腔体积和水平半径

模拟得到 7 种工况的 1/4 爆腔体积-时间历程曲线如图 5-30 所示。

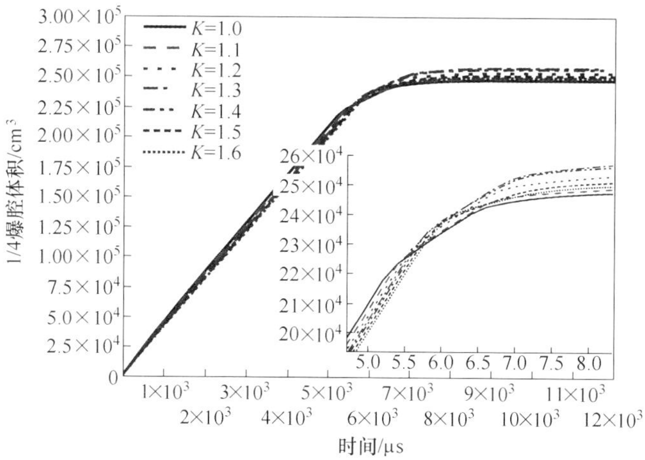

图 5-30 各工况 1/4 爆腔体积-时间历程曲线

从图 5-30 及其局部放大图可以看出，不耦合系数 K 大的工况，爆腔在初期发展的速度要低于 K 小的工况，但最终却更快地趋于稳定。这是由于在冲击波作用初期，由于土与药包之间有空气垫层，降低了冲击压力，减弱了冲击波作用，相应地增大了应力波能量，从而能够增加应力波的作用时间，致使爆腔在初期的发展速度较慢；在爆腔发展后期，由于应力波在前期的利用率较高，致使后期衰减速度变快，因而较快地趋于稳定。

各工况 1/4 爆腔体积 $V/4$、1/4 炮孔体积 $V_0/4$、爆腔体积与炮孔体积之比 V/V_0、爆腔稳定所需的时间 t、炮孔半径 R_0 以及爆腔圆柱体部分的水平半径 r_1 等见表 5-24。

表 5-24　各工况在黄土中产生的爆腔几何尺寸及其稳定时间

工况	1	2	3	4	5	6	7
炮孔半径 R_0/cm	2.26	2.49	2.71	2.94	3.16	3.39	3.62
不耦合系数 K	1	1.1	1.2	1.3	1.4	1.5	1.6
1/4 总爆腔体积 $V/4/\mathrm{cm}^3$	247730	249280	253836	257847	256969	251330	249980
爆腔稳定时间 $t/\mu s$	10000	10000	10000	10000	10000	9600	9400
1/4 炮孔体积 $V_0/4/\mathrm{cm}^3$	4.01	4.85	5.77	6.78	7.86	9.02	10.26
V/V_0	61786.3	51382.5	43964.7	38053.0	32699.3	27859.6	24354.5
$(V-V_0)/4/\mathrm{cm}^3$	247726	249275	253830	257840	256961	251321	249970
爆腔半径 r_1/cm	32.23	32.44	32.65	32.86	33.06	33.27	33.49
r_1/R_0	14.26	13.05	12.04	11.18	10.45	9.82	9.26

从表 5-24 可以看出，无论是 $V/4$ 还是 $(V-V_0)/4$，都随着 K 的增大，先增大后减小，在 $K=1.3$ 时，达到峰值，可见对于爆腔体积来说，当 $K=1.3$ 时为最佳；此外还可以看出，爆腔体积与炮孔的体积之比 V/V_0、爆腔半径与炮孔半径之比 r_1/R_0 均随着 K 的增大而逐渐减小。

分别将体积扩大系数 V/V_0、半径扩大系数 r_1/R_0 与不耦合系数 K 以 95% 的置信度用 MATLAB 进行回归分析，得到拟合关系如下：

$$V/V_0 = (5.774K^2 - 21.1K + 21.45) \times 10^4 \quad (R^2 = 0.9984) \qquad (5\text{-}22)$$

$$r_1/R_0 = 6.443K^2 - 24.99K + 32.77 \quad (R^2 = 0.9997) \qquad (5\text{-}23)$$

拟合关系式与模拟值的对比如图 5-31 所示。

由式（5-22）、式（5-23）和图 5-31 可以看出，爆腔体积扩大系数 V/V_0 和半径扩大系数 r_1/R_0 与不耦合系数 K 均呈非常好的二次曲线关系。该二次曲线关系式和图可用于预估爆腔尺寸，从而合理准备填充材料的粒径和土石方量。

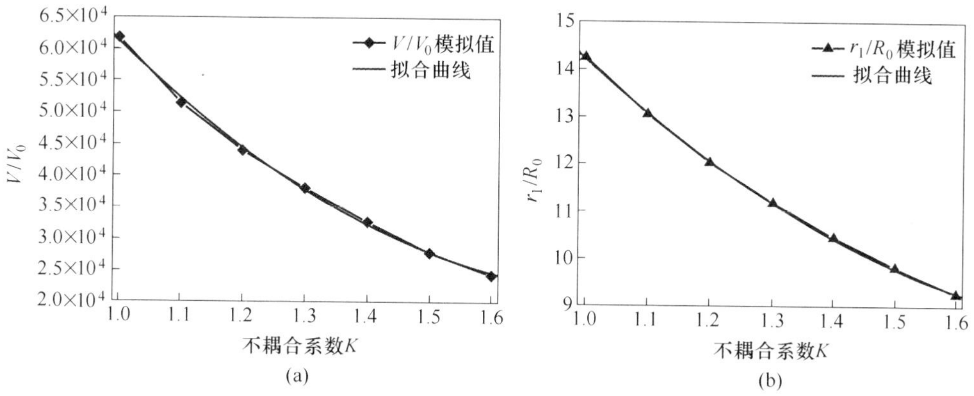

图 5-31 V/V_0（a）、r_1/R_0（b）与不耦合系数 K 的拟合关系与模拟值对比

5.3.2 作用于炮孔壁的初始压应力峰值

在 7 种工况中，作用于不同水平爆心距处的压应力峰值分布如图 5-32 所示。

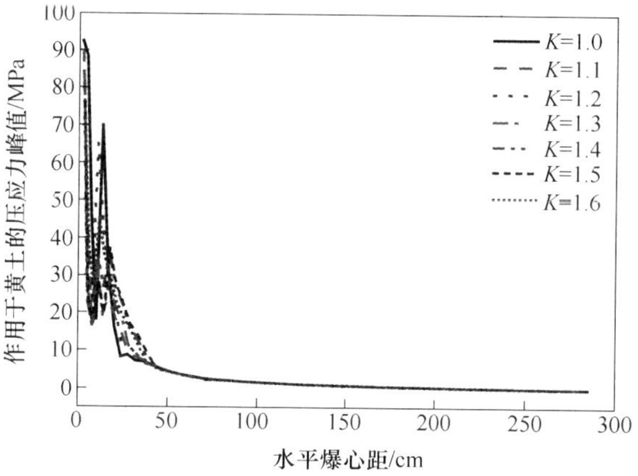

图 5-32 不同耦合系数下压应力峰值在爆心所在水平面上的分布

从图 5-32 可以看出，各工况的压应力峰值分布规律基本相同；在应力波阶段，各爆心距处的压应力峰值大小相差不大，但冲击波阶段压应力峰值的大小不同。提取各工况作用于炮孔壁的初始压应力峰值 σ_m，列入表 5-25。

表 5-25 不同耦合系数情况下作用于炮孔壁的初始压应力峰值 σ_m

工况	1	2	3	4	5	6	7
不耦合系数 K	1	1.1	1.2	1.3	1.4	1.5	1.6
σ_m/MPa	92.4057	89.8318	84.122	82.3298	80.799	75.9598	69.8743

续表 5-25

工况	1	2	3	4	5	6	7
衰减系数 γ	1.0000	0.9721	0.9104	0.8910	0.8744	0.8220	0.7562
系数 n_b	—	0.09	0.15	0.24	0.36	0.52	0.70

从表 5-25 可以看出，σ_m 随着 K 的增大而减小，这说明药包和炮孔壁之间的空气层确实降低了爆炸冲击波对炮孔壁的冲击。这与文献［92］的结论是一致的。该文献研究得出，不耦合或耦合不好时会使作用于岩体的爆炸波的强度大大降低。

如果将各不耦合工况作用于炮孔壁的初始压应力峰值 σ_m 记为 σ_{mK}，将耦合工况的 σ_m 记为 σ_{m1}，则设 σ_m 的衰减系数 $\gamma = \sigma_{mK}/\sigma_{m1}$，各工况的 γ 值见表 5-25。

为了得到衰减系数 γ 与不耦合系数 K 的关系，以 95%的置信度对二者进行回归分析，得到二者的关系式如下：

$$\gamma = -0.3818K + 1.385 \quad (R^2 = 0.9685) \tag{5-24}$$

显然，γ 与 K 呈很好的负线性相关性。

根据文献［14］，不耦合装药下炮孔壁处的压应力峰值为：

$$\sigma_m = \frac{1}{8}\left(\frac{1}{K}\right)^6 n_b \rho_e D_e^2 \tag{5-25}$$

式中，σ_m 为不耦合工况下炮孔壁处的压应力峰值，Pa；n_b 为爆轰产物撞击孔壁的应力增强系数，一般取 $n_b = 8 \sim 11$，对土体而言取 8[14]；ρ_e 为炸药密度，kg/m^3；D_e 为炸药爆速，m/s。

这里所用的是 2 号岩石乳化炸药，其 $\rho_e = 1.31g/cm^3 = 1310kg/m^3$；爆速 $D_e \geqslant 3200m/s$（见表 3-2），计算得到的 n_b 见表 5-25。由于工况 1 是耦合情况，不适用于式（5-25），故为“无”。

从表 5-25 的 n_b 值可以看出，计算结果与文献［14］差别很大，因此对于不耦合装药 σ_m 是否会增强，以及如何增强，还有待于进一步研究。

5.3.3 爆炸挤密黄土路堤水平塑性变形程度和范围

爆炸挤密后，各工况药包中心所在水平面内的黄土湿密度分布如图 5-33 所示。

从图 5-33 及其两个局部放大图可以看出，在水平爆心距为 46 ~ 50cm 之间，不耦合工况的湿密度要高于耦合工况的；在 50cm 以后，耦合工况的湿密度要高于不耦合工况的；从图 5-33（b）可以看出，在 47 ~ 57.5cm 之间，不耦合工况存在一个湿密度相对较高的环带，随着不耦合系数的增加，这个环带虽然逐渐变

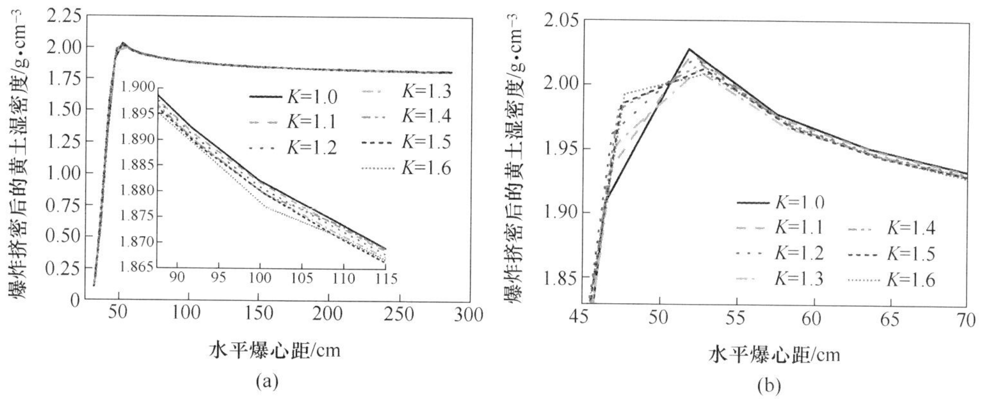

图 5-33 各不耦合工况爆炸挤密后黄土湿密度水平分布

（a）爆腔以外的湿密度分布；（b）密度峰值点部分的湿密度分布

窄，但密度更趋向均匀化；而不耦合系数小的工况，这个环带更宽，且密度高低更不均衡；观察爆腔体积最大的 $K=1.3$ 的工况，在爆心距 50~60cm 范围内，其密度基本上都低于其他工况；从图 5-33（a）的局部放大图可以看出，不耦合系数越小，其密度衰减速度越低。

提取图 5-33 中各工况的密度峰值 ρ_{max} 及其爆心距 $r_{\rho_{max}}$、塑性变形水平半径 r_2，计算最大压缩比 η_{max}、$r_{\rho_{max}}/r_0$ 以及 r_2/r_0，结果见表 5-26。

表 5-26 不耦合各工况爆炸挤密后黄土密度水平分布特征值

工况	1	2	3	4	5	6	7
密度峰值 ρ_{max}/g · cm^{-3}	2.028	2.024	2.021	2.011	2.016	2.012	2.009
最大压缩比 η_{max}	1.120	1.118	1.117	1.111	1.114	1.112	1.110
密度峰值点爆心距 $r_{\rho_{max}}$/cm	51.78	51.99	52.18	52.38	52.57	52.77	52.97
$r_{\rho_{max}}/R_0$ ①	22.91	20.88	19.25	17.82	16.64	15.57	14.63
塑性变形水平半径 r_2/cm	285.24	284.70	283.37	282.43	282.00	279.56	276.63
r_2/R_0 ①	126.21	114.34	104.56	96.07	89.24	82.47	76.42

① R_0 为炮孔半径，cm。

从表 5-26 可以看出，耦合的工况 1 的密度峰值 ρ_{max} 最大，但其爆心距 $r_{\rho_{max}}$ 最小；不耦合的工况 7 的 ρ_{max} 最小，但其爆心距 $r_{\rho_{max}}$ 最大；爆腔体积最大的工况 4，其 ρ_{max} 仅大于工况 7，居倒数第二位；最大压缩比 η_{max} 介于 1.11~1.12 之间。随着不耦合系数的增加，塑性变形水平半径 r_2 呈递减趋势。

为了方便爆炸挤密黄土路堤技术的使用，下面以 95%的置信度将 η_{max}、$r_{\rho_{max}}/R_0$

以及 r_2/R_0 与不耦合系数 K 的关系进行回归分析，得到关系式如下：

$$\eta_{max}=-0.01711K+1.137\qquad (R^2=0.8527)\tag{5-26}$$

$$r_{\rho_{max}}/R_0=10.48K^2-40.84K+53.21\qquad (R^2=0.9996)\tag{5-27}$$

$$r_2/R_0=56.51K^2-228.5K+297.8\qquad (R^2=0.9994)\tag{5-28}$$

上述 3 条回归曲线与相应模拟值的对比如图 5-34 所示。

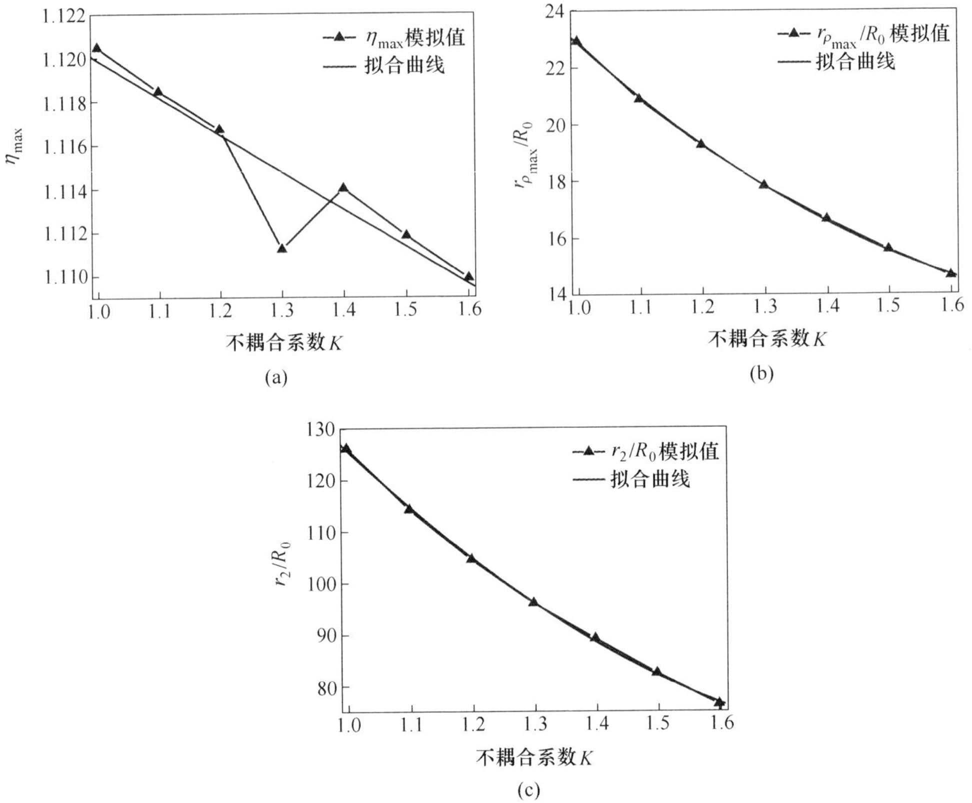

图 5-34　η_{max}（a）、$r_{\rho_{max}}/R_0$（b）、r_2/R_0（c）与 K 的回归曲线与相应模拟值的对比图

在图 5-34（a）中，如果不是在 $K=1.3$ 处出现了拐点，η_{max}与 K 呈很好的线性关系，只是负相关；从图 5-34（b）、（c）可以看出，$r_{\rho_{max}}/R_0$、r_2/R_0 与 K 呈严格的二次曲线关系，也是负相关。

5.3.4　爆炸挤密黄土路堤垂向塑性变形范围

爆炸挤密后，各工况条形药包上方及下方的黄土湿密度分布如图 5-35 所示。从图 5-35 可以看出，药包上、下方的黄土密度分布特征非常相似，而且不耦合系数不同的工况，密度值比较接近。从其放大图看，药包上方的湿密度，密度最

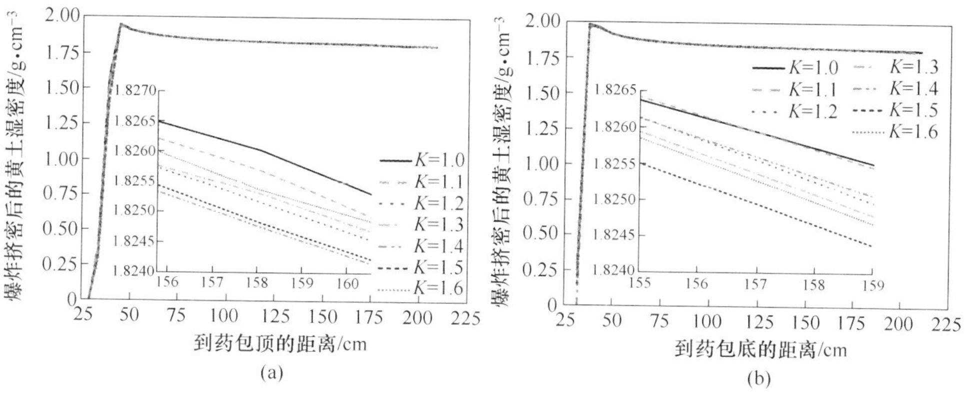

图 5-35 不同耦合系数条形药包上方（a）和下方（b）的黄土湿密度分布

高的是耦合的工况 1，其次是工况 2、7、4、3、6、5；药包下方的土壤密度工况 1 和 2 非常接近，其次是工况 5、3、4、7、6。爆腔体积最大的是工况 4，其密度处于中间偏下的位置。

按爆炸挤密后黄土的压实度达到 90%，分别提取各工况的上、下影响范围 h_{ta}和 h_{ba}，以及由相邻点内插得到其下有效影响范围 h_{bea}，见表 5-27。

表 5-27 各工况条形药包爆炸挤密黄土路堤垂向影响范围

工况	1	2	3	4	5	6	7
h_{ta}/cm	208. 02	208. 02	200. 49	204. 04	196. 47	196. 47	204. 04
h_{ba}/cm	210. 06	210. 06	206. 47	202. 74	206. 47	198. 74	202. 74
h_{bea}/cm	41. 99	41. 97	41. 84	41. 08	41. 94	40. 25	40. 81

从表 5-27 可以看出，h_{ba}和 h_{bea}的变化趋势相近；但 h_{ta}与 h_{ba}、h_{bea}的变化趋势不同，这一点与耦合工况差别较大，这说明爆炸冲击波在药包与炮孔壁之间的空气垫层中传播、反射、再传播的规律是非常复杂的，而作用在药包上、下方土体的冲击波和应力波，不仅仅是药包端部爆轰的作用，还有空气垫层中复杂冲击波的扩散作用，致使 h_{ta}、h_{ba}和 h_{bea}体现不出与不耦合系数的相关性。这一点从垂向影响范围与不耦合系数的关系图 5-36 可以看出。

考虑到单元宽度带来的误差，工况 1 和 2 的垂向影响范围相差较小，故可认为当不耦合系数 $K=1.1$ 时，对垂向影响范围带来的影响较小，效果与耦合工况相近；工况 3~7 的 h_{ta}和 h_{ba}均小于工况 1 和 2。

在工况 3~7 中，工况 4 和 7 的 h_{ta}并列最大，但它们的 h_{ba}不大；工况 3 和 5 的 h_{ba}最大，但它们的 h_{ta}却较小；工况 6 的 h_{ta}和 h_{ba}都很小。很难从中寻找到规律。

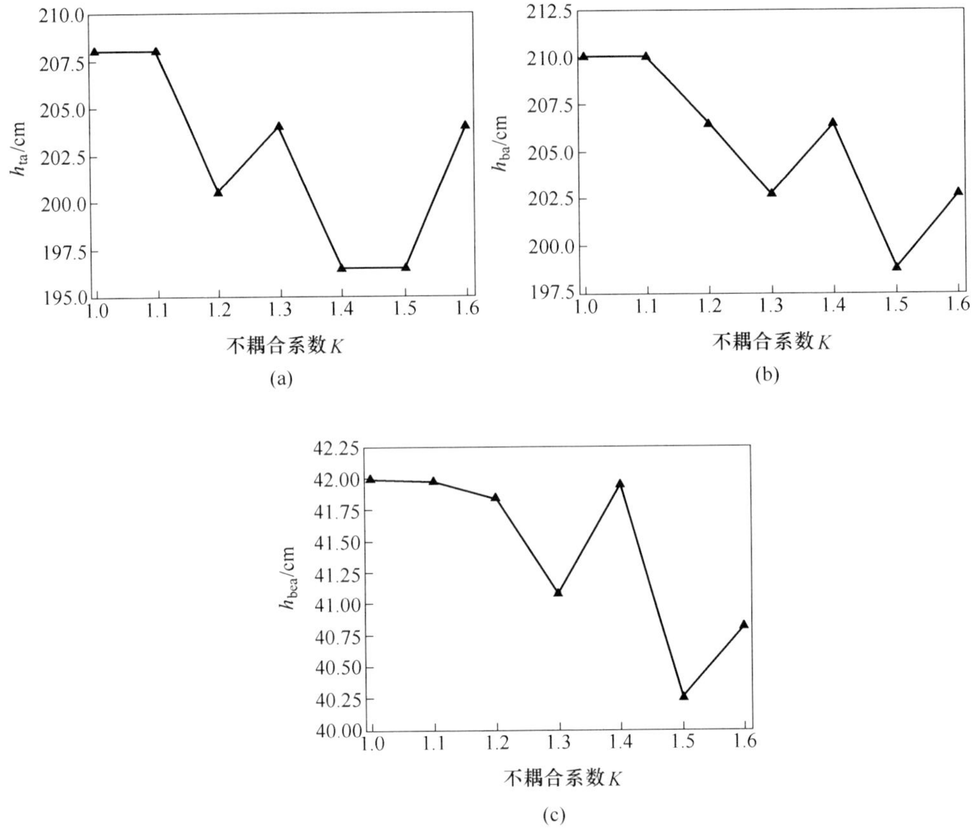

图 5-36　各工况条形药包爆炸挤密黄土路堤垂向影响范围与不耦合系数 K 的关系

（a）h_{ta} 与 K 的关系；（b）h_{ba} 与 K 的关系；（c）h_{bea} 与 K 的关系

工况 1、2、3、5 的 h_{bea} 比较接近，但还是工况 1 的最大。

总之，相对于不耦合工况来说，耦合工况 1 的 h_{ta}、h_{ba} 与 h_{bea} 都是最大的。

综合第 5.3 节的分析结果得出，如果为了获得更大的爆腔，可以选用不耦合工况；如果为了得到更大的压缩比 η、塑性变形影响范围 r_2 以及可估的垂向影响范围 h_{ta}、h_{ba} 和 h_{bea}，建议选用耦合工况。

6 爆炸挤密技术在黄土地区公路路堤快速加固中的应用

在前面各章研究的基础上，本章将针对河北北部某高速公路部分路段进行爆炸挤密黄土路堤技术应用。

6.1 工程概况

该高速公路是河北省高速公路网“五纵六横七条线”规划中的重要路段，自 2010 年 11 月通车以来，发现多处病害，其中最为严重的病害是路基的沉降变形，主要发生在 K677+500～K677+512、K711+600～K711+607 以及 K715+300～K715+307 路段共 26m 范围内。这严重影响行车安全，对交通量也造成了较大的影响。

沉降地段的路堤高度介于 5.2～6.9m 之间。通过实地钻孔取样核实，发现发生沉降病害路段的路基填土具有轻微湿陷性，呈现出黄土性质[93~94]。呈褐黄至褐红色，可塑，具有中至高压缩性，含少量小的钙质结核及小砾石。湿密度在 1.70～1.77g/cm^3；含水量介于 13.3%～18.4%之间；最大干密度为 1.88g/cm^3；土粒密度 2.72g/cm^3。颗粒组成以粉粒为主，粒径在 0.05～0.005mm 之间的含量在 60%以上；孔隙比在 0.8～1.0 之间变化；饱和度在 39.0%～60%之间；液限在 24.6%～60%之间。

路堤填土的压实度介于 76.4%～80.1%之间，明显低于《公路路基设计规范》（JTG D30—2015）[22]要求的高速公路上路堤压实度要不小于 94%、下路堤要不小于 93%的标准，故路堤沉降段处于欠压实状态。

湿陷性黄土遇水浸湿后，在自身重力作用下或在上部荷载及自身重力的共同作用下，土体结构会发生破坏，且产生较大下沉（湿陷变形）。湿陷性是湿陷性黄土最棘手的问题。在水分和荷载的共同作用下，湿陷性黄土结构将遭受破坏进而丧失强度。尽管该路段路堤填土湿陷性轻微，但与其欠压实性相结合，最终导致黄土路堤产生较大的下沉。

综上，路堤填土压实度不足且具有轻微湿陷性是造成该路段路堤沉陷的主要原因。

6.2 施工方案设计

基于爆炸挤密技术快速加固黄土地区既有公路路堤的优势，下面以 K677+500～K677+512 路段为例，来说明如何应用前面章节的研究结果，进行技术方案设计。

该路段的半幅路面宽 11m；路面为沥青路面，路面结构层厚 0.78m，包括面层 18cm、基层 40cm 和底基层 20cm；其中面层包括细粒式沥青混凝土 4cm、中粒式沥青混凝土 6cm 和粗粒式沥青混凝土 8cm；基层为 6%的水泥稳定碎石，底基层为 4%的水泥稳定碎石。

路堤高 5.7m，路堤下没有其他设施。根据在该路段不同位置取得的土样，得到其湿密度平均值为 1.71g/cm^3，含水量平均值为 15.53%，计算得到的压实度为 78.73%。

6.2.1 炸药和径向不耦合系数的选择

首先选择炸药。由第 5.2 节的研究结果可得，爆炸挤密塑性变形较大的黄土，应采用应力作用时间较长的炸药，以提高炸药能量的利用率；而且应尽可能选择冲击波衰减缓慢的炸药。综合考虑第 5 章研究的 8 种炸药以及当地公安部门现存的炸药种类，最终决定选用 2 号岩石乳化炸药。

乳化炸药泛指一类用乳化技术制备的使氧化剂盐类水溶液的微滴，均匀分散在含有分散气泡或空心玻璃微珠等多孔物质的油相连续介质中，形成一种油包水型（W/O）的乳胶状含水工业炸药[95]。乳化炸药是含水炸药的一种。

乳化炸药是 20 世纪 70 年代才发展起来的新产品。随着对乳化炸药研究的深入，后期研究出来的乳化炸药同样具有雷管感度，而且具有很好的抗水性、爆炸性能好、机械感度低以及安全性好等优点，同时成本低于水胶炸药。目前，乳化炸药在国内外得到广泛的应用。据统计，乳化炸药已占我国工业炸药总产量的 67%以上[96]。

2 号岩石乳化炸药适用于无沼气、无矿尘爆危险的各种岩石爆破工程以及岩土爆破工程，目前在民用爆炸中应用非常广泛。

其次，选择不耦合系数。由第 5.3 节的研究结果可得，在条形药包相同的情况下，耦合工况可以获得更大的压缩比 η 以及塑性变形影响范围 r_2，以及可估的垂向影响范围 h_{ta}、h_{ba} 和 h_{bea}，因此决定采用耦合装药工况。

6.2.2 钻孔平面布置方案设计

钻孔平面布置需根据爆炸挤密黄土路堤爆腔半径 r_1、塑性变形水平半径 r_2 以及密度峰值点爆心距 $r_{\rho_{max}}$ 综合设计。

（1）确定条形药包半径 r_0。由第 5 章的计算结果可知，在黄土的湿密度和含水量变化的情况下，只有其爆腔半径是近似不变的。而且爆腔半径的大小关系到路面的安全以及后期填筑的质量，所以首先根据爆腔半径 r_1 确定适当的药包半径 r_0。

由表 4-10 的计算结果得，当药管支数为 1（即药包半径 $r_0=1.6\text{cm}$）时，其 $r_1=20.91\text{cm}$，直径为 41.82cm，不足 0.5m，考虑到爆腔填筑材料主要是碎石，而且是干碎石，所以过小的管径容易填筑不密实；当药管支数为 3（即药包半径 $r_0=2.77\text{cm}$）时，其 $r_1=41.87\text{cm}$，直径为 83.74cm，将近 1m，此时不仅爆腔上方的土体在自重及路面施工人员和设备荷载的作用下容易塌落，而且路面结构层也会在施工期间因下方支撑不足而降低安全系数，本身就已因沉降而发生裂缝的路面更容易塌陷，所以其 r_1 过大；综合考虑，决定采用药管支数为 2（即药包半径 $r_0=2.26\text{cm}$）的条形药包，其 $r_1=32.23\text{cm}$，直径为 64.46cm。

说明：如果所用药管规格不同，或表 4-10 没有拟用的药包半径 r_0，可以利用式（4-10），先计算爆腔半径 r_1 与药包半径 r_0 之比 k_{vd}，再计算 r_1。

（2）根据待加固路堤的土壤参数，确定所用条形药包的塑性变形水平 r_2。由第 5 章的计算结果可知，半径 r_0 相同的条形药包产生的塑性变形水平半径 r_2 随着黄土湿密度 ρ_0 和含水量 w 的变化而变化，故根据式（5-7）计算得：$r_2=285.23\text{cm}$。

（3）根据待加固路堤的土壤参数，确定所用条形药包的密度峰值点爆心距 $r_{\rho_{max}}$。根据式（5-9）得：$r_{\rho_{max}}=50.51\text{cm}$。

（4）确定相邻炮孔中心距 r。考虑到如果按照 r_2 布置炮孔间距，尽管没有塌孔风险，但相邻两炮孔的中间地带由于压实度提高幅度有限，达不到预期的加固效果，容易在两炮孔之间形成新的塌陷地带，致使路面形成“波浪”路面。可是目前文献尚未能给出相邻炮孔的合理间距，桩基础的桩距在爆炸挤密施工中，没有可借鉴性。经按照第 5 章的研究结论反复计算、比较，建议取密度峰值点至塑性变形半径边缘的中点作为相邻炮孔中心距 r，从而有：

$$r=r_{\rho_{max}}+(r_2-r_{\rho_{max}})/2=167.87\text{cm}$$

（5）根据 r 设计炮孔的平面布局。根据待加固路段的长度、半幅路面宽度以及相邻炮孔中心距 r，计算得到所需的炮孔数量应为 11.71 个。

下面采用并列和错列两种方式布孔，如图 6-1 所示。

在图 6-1 中，最里排炮孔至隔离带、最外排炮孔至路肩的距离均取为 1.5m，该值大于 $r_{\rho_{max}}$，且小于 r_2，这样既不会给路基边坡和隔离带造成危险，也能保证挤密质量；此外，应尽量在行车道宽度范围内布孔；但考虑到爆腔回填后，其刚度与普通路面不同，为了行车平稳舒适，尽量将炮孔设在车道分隔线上或分隔线

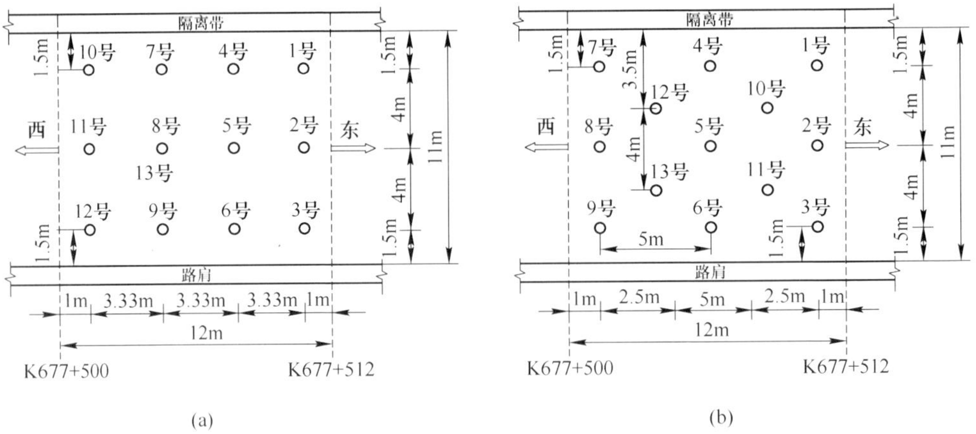

图 6-1　炮孔并列（a）和错列（b）的平面布置图

稍偏外侧（指最外侧分隔线）的位置；如果遇到必须设在车道上的炮孔，要尽量设在车道中心，避开轮迹带。待加固路段为双向四车道，每个车道宽度为 375cm，半幅路面行车道总宽度为 750cm，故将最里排与最外排的炮孔中心距设为 2×4m＝8m。无论是并列还是错列，最里排和最外排炮孔都正好位于行车道的外侧，而正中间一排炮孔正好位于两车道的分隔线上。在错列的布局中，余下的 10~13 号炮孔，几乎都位于所在行车道的中线，避开了轮迹带。

左右两列炮孔至待加固路段边缘取 1m，这样可确保加固质量。

并列相邻炮孔的最小间距为 3. 33m，错列相邻炮孔的最小间距为 3. 2m，均稍小于 $2r$＝3. 36m；且并列和错列的总炮孔数均略大于 11. 71，但错列比并列的炮孔数多 1 个，共计 13 个，因此从加固效果出发，最终选择错列的布置方式，如图 6-1（b）所示。

6.2.3　条形药包垂向布置方案设计

待加固路段条形药包的布局构成如图 6-2 所示。

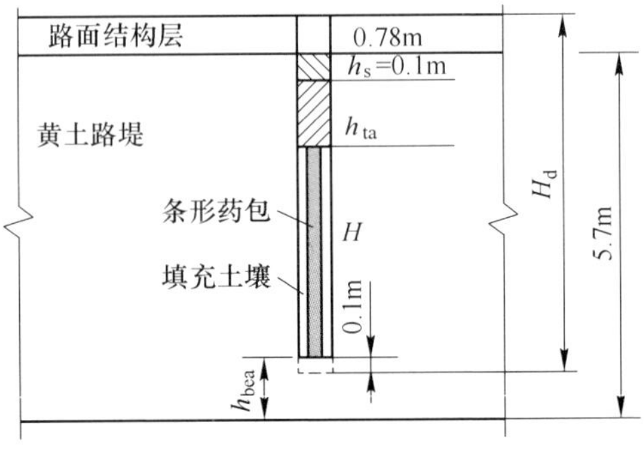

图 6-2　条形药包垂向布局图

由于路堤下面没有其他设施，故不需要过多关注药包的下影响范围 h_{ba}，只要上影响范围 h_{ta}＋药包高度 H＋下有效影响范围 h_{bea}＝路堤高度 5. 7m 即可。但由表 4-8 可知，h_{ta}具有轻微的波动性，尽管在药包长细比大等于 32（即 3kg 工况）时，h_{ta}的波动幅度不足 3cm，但考虑到尚缺乏在既有公路上使用爆炸挤密法加固路堤的经验，为了确保安全起见，在 h_{ta} 与路面结构层的底面间留有 10cm 的安全缓冲空间 h_s，这样就有 $h_s+h_{ta}+H+h_{bea}=5.7\text{m}$。

如果设路面结构层的厚度为 t，路堤的高度为 H_e，则钻孔深度：

$$H_d = t + h_s + h_{ta} + H = t + H_e - h_{bea} \tag{6-1}$$

但考虑到钻孔之后，孔壁有些原本就不密实的土，难免在施工设备等荷载的扰动下掉落孔中，致使实测的 H_d 经常比实际钻的 H_d 小一点，根据做钻孔桩的经验，取该孔深缩小值为 10cm，则有：

$$H_d = t + H_e - h_{bea} + 10\text{cm} \tag{6-2}$$

（1）计算需钻孔深度 H_d。由式（5-15）得 $h_{bea}=30.75\text{cm}$。由式（6-2）计算需要的钻孔深度 $H_d=t+H_e-h_{bea}+10=627.25\text{cm}$。

（2）计算待加固路段所需总药量 $W_{总}$。由式（5-13）得 $h_{ta}=203.16\text{cm}$。由式（6-1）计算每孔需要的药包长度 $H=H_d-t-h_s-h_{ta}=336.09\text{cm}$，取 336.1cm。

采用的 2 号岩石乳化炸药的密度为 $\rho_e=1.31\text{g/cm}^3$，2 支药管的等效半径为 $r_0=2.26\text{cm}$，则一个药包的药量为 $W=7061.33\text{g}=7.061\text{kg}$，则需要的总药量为 $W_{总}=91.8\text{kg}$。

考虑到钻孔的误差，故向公安部门申请准备 100kg，爆破作业完成后剩余炸药请公安人员带回。

6.2.4 爆腔体积初步估算

为了适当准备爆腔填充材料的土石方量，下面利用第 4、5 章的研究结果估算爆腔体积。

首先利用式（5-5）计算得到 5kg 条形药包在待加固路段土壤中产生的爆腔体积 $V_5=1029076\text{cm}^3$。

由式（4-7）可知，条形药包产生的爆腔体积和药量成正比，则 7.061kg 条形药包产生的爆腔体积约为 $V_{7.061}=1053261\text{cm}^3$。

则需要准备的爆腔填充碎石约为 $V=13692393\text{cm}^3\approx13.69\text{m}^3$。

考虑到 $H_d=627.25\text{cm}$ 是要求钻孔的最小深度，且为了尽量减少因施工限行带来的经济损失，所以拟准备级配良好的碎石 15m^3。

由于该值是根据初步设计的条形药包长度计算的，在施工过程中，还需根据填药前的实际孔深调整药包长度，按照上述方法计算爆腔体积，再计算总的爆腔体积，如大于 15m^3，还需趁绑扎药包、清场、爆破的时间补充碎石，以免延误工期。

6.3 施工流程设计及实施

用爆炸挤密技术加固既有公路路堤，虽然速度快、效率高，但由于用到炸药爆破，需综合考虑各种影响因素。在勘查现场、设计完成技术方案之后，先要设计施工作业流程，然后才能组织现场施工。

为加固路段设计的爆炸挤密黄土路堤施工流程图，如图 6-3 所示。

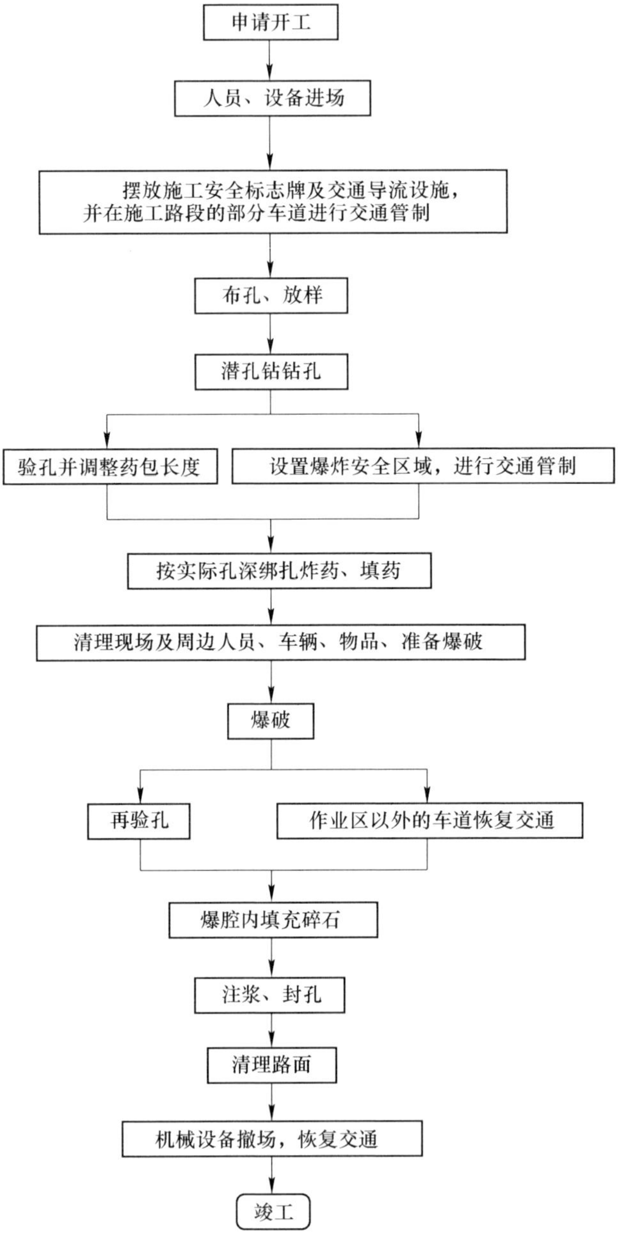

图 6-3　爆炸挤密公路黄土路堤施工作业流程图

6.3.1 施工准备

在该技术流程的实施过程中，缜密的施工准备，是安全、高效施工的前提和保障，同时也是高质量达到施工目的的必要条件。按照路堤爆炸挤密加固施工作业流程，要做的施工准备工作包括：

（1）申请、备案。项目组向待加固高速公路管理处申请开工，并到当地公安部门备案，将爆破时间、地点、拟用药量等报公安部门进行审查，并申请购置炸药。

（2）施工设备、器具。根据待加固路段的工程量，该路堤爆炸挤密加固工程需要潜孔钻机 2 台，用于钻孔；水泥净浆搅拌机 1 台，空压机 2 台，用于填筑碎石后注浆；5t 自卸汽车 1 辆，用于运输施工器具、碎石、水泥等；拍子和交通管控标志若干；铁锹、相同容积的小料筒、竹竿、胶带等若干。

（3）材料。需要准备填充爆腔的级配良好的碎石，制作水泥净浆的水泥及水；2 号岩石乳化炸药。

（4）对钻孔的布置、装药量、装药方式及爆破方法，钻孔深度向相关施工人员进行交底。提前设好交通管控的区域范围和时间。

6.3.2 施工过程

首先按照图 6-1（b）进行放样、布孔。

（1）钻孔。潜孔钻机为 80 型潜水电钻，采用冲击干钻方法成孔，如图 6-4 所示。为了方便放置药包、引爆器材以及后期填筑爆腔，取钻孔直径为 15cm；根据技术方案要求，要求最小钻孔深度为 627. 3cm。将钻出的土体部分留作土样，部分进行简单捣碎，以备埋放炸药后对药孔的封堵之用。

(a) (b)

图 6-4 钻孔

（a）敲打出钻头内的土样；（b）正在钻孔

（2）验孔并计算每孔药包长度。实际钻孔深度记为 H_{d1}；待加固路段全部钻孔完毕之后，绑扎、填药之前需要验孔，实测孔深即为 H_{d2}，用于调整药包长度，计算的药包长及药量见表 6-1。为了进一步估算所需填充碎石体积，需根据实用药量用第 6.2.4 节的方法调整爆腔体积，结果见表 6-1。

表 6-1　孔深、药量以及计算爆腔体积统计

孔号	钻孔深 H_{d1}/cm	实测孔深 H_{d2}/cm	计算药包长/cm	计算药量/kg	实用药量①/kg	计算爆腔体/cm^3
1	639	632	341	7.2	7.2	1473505
2	646	641	350	7.4	7.4	1512395
3	629	625	334	7.0	7.0	1443257
4	643	634	343	7.2	7.2	1482147
5	632	626	335	7.0	7.0	1447578
6	637	629	338	7.1	7.0	1439718
7	642	636	345	7.2	7.2	1490789
8	638	629	338	7.1	7.0	1439718
9	641	631	340	7.1	7.0	1439718
10	647	639	348	7.3	7.2	1480856
11	632	624	333	7.0	7.0	1438936
12	633	631	340	7.1	7.0	1439718
13	628	625	334	7.0	7.0	1443257
合计				92.8	92.2	18971590

① 因每支药管重 0.2kg，故取 0.2 的倍数。

从表 6-1 可以看出，钻孔深 H_{d1} 均大于设计孔深 $H_d = 627.25$cm；填药前的实测孔深 H_{d2} 与 H_{d1} 确实存在一定的差距，但都在 10cm 范围内；按填药前孔深计算所需药量为 92.8kg，实用药量为 92.2kg，均大于设计药量 $W_{总} = 91.797$kg，且小于向公安部门申请的 100kg；按实际药量计算的爆腔体积为 18.97m^3，事先准备的 15m^3 碎石显然不足，趁绑扎、填充药包、清场、爆破的时间，再运来 5m^3，共计准备碎石 20m^3。

绑扎炸药及填药，每两支药管为一组，并排用胶带和绳子固定在长竹竿上；相邻两组药管之间首尾相连，最终形成条形药包，如图 6-5 所示。

然后为绑扎好的炸药安装引线，即导火索。爆破采用的是电力起爆法，要小心、仔细地为每一支药管安装引线。

在将炸药填入钻孔之前，还要再次测量钻孔深度。因为在加固施工过程中，高速公路一直在通行，车辆引起的振动有可能将孔壁上的土震塌至孔中，从而引起孔深变小。如果孔深变化较大，就会使得药包顶端距离地面不满足 291cm 的要

图 6-5 绑扎炸药

求，在起爆过程中，有可能造成路面鼓起甚至破坏。核实完孔深后，再将绑扎好的炸药填入钻好的炮孔中，如图 6-6 所示。

图 6-6 将炸药填入钻孔

(a) 将绑扎好的药包抬至炮孔；(b) 药包正在进入炮孔；
(c) 工人们正在将药包放入炮孔；(d) 整理导爆索

(3) 封孔并盖拍子。为了提高炸药爆炸冲击能量的利用率，将绑扎好的炸药埋入炮孔后，将捣碎后的钻心土体对埋药孔进行填塞封堵。然后在封堵好的钻孔上方加盖拍子，以保护孔口导火索，并避免从炮孔被爆炸波冲击出来的土体飞溅过远；最后整理爆破导线，清理现场及周边人员、车辆、物品，准备爆破，如图 6-7 所示。所有人员都必须撤离到 50m 以外的安全地点。

图 6-7　爆前准备图

（4）爆破。一切准备就绪后，在民爆部门的指挥下，起爆，如图 6-8 所示。如遇到没有按预期发生爆炸的哑炮，不要立即上前检查，要等待一段时间后，由民爆部门的技术人员排查情况，再确定需要进一步采取的措施。

图 6-8　爆破

爆破完成后，待民爆人员发出可以进场的指令后，施工人员方可进场进行清理，移除拍子、碎片、遗留碎导线等。清理完毕后，摆好交通控制标志，尽快恢复部分车道的交通。

（5）验孔并填筑碎石。爆破完成后，要进行验孔，主要是测量各孔爆破后的深度（见图 6-9），并将测量数据填入表 6-2。验孔的目的有两个：一是和爆前的孔深进行比较，从而断定是否有路基填土塌落现象发生；二是可根据填充碎石的体积来估算爆腔的形状和尺寸，与方案设计预估的爆腔进行对比分析。

验孔后要及时向孔内填满碎石，以免路基填土向爆腔塌落，密实度下降，影响挤密效果。碎石要选用级配良好的碎石，从而可使填筑后的碎石空隙尽可能小，密实；还要尽可能选用质地坚硬的碎石，这样碎石在路堤内吸潮后，不易丧

图 6-9　爆后验孔图

失抗压强度。在填筑过程中，需记录该孔填筑碎石的体积。

表 6-2　钻孔深、填药前实测孔深以及药量统计表

孔号	爆前孔深 H_{d2}/cm	爆后孔深 H_{d3}/cm	计算爆腔体积/cm^3	填筑碎石体积/cm^3	误差①/%
1	632	652.0	1473505	1374154	7.23
2	641	666.0	1512395	1369303	10.45
3	625	644.0	1443257	1581652	-8.75
4	634	656.0	1482147	1390512	6.59
5	626	625.0	1447578	1250499	15.76
6	629	649.0	1439718	1543437	-6.72
7	636	659.0	1490789	1414277	5.41
8	629	629.0	1439718	1221757	17.84
9	631	654.0	1439718	1593843	-9.67
10	639	663.0	1480856	1713752	-13.59
11	624	643.0	1438936	1327677	8.38
12	631	653.0	1439718	1518049	-5.16
13	625	646.0	1443257	1584778	-8.93
合计			18971590	18883689	

① 误差=（计算爆腔体积-填筑碎石体积）/填筑碎石体积×100%。

每个孔计算得到的爆腔体积、实际填筑的碎石体积以及二者的误差见表 6-2。从该表可以看出，13 个孔中，11 个孔深爆破后有所增加，增加幅度为 19~25cm 不等；只是 5 号孔和 8 号孔孔深变化小，5 号孔减小 1cm，8 号孔未变，这说明这两孔都有些许塌孔，即爆腔顶部或壁上的土壤有些跌落，致使孔深变小。从计算爆腔体积和填筑碎石体积的对比看，也是二者相差较大。所有孔的误差绝对值介于 5.16%~17.84%之间。但爆腔体积和的计算值和实际填筑值相差较小，而且实际填筑碎石总体积 18.88m^3，小于预先准备的 20m^3，仅富余 1.12m^3，说明估算方法可行。

（6）注浆。在向爆腔填充碎石后，为了充分发挥挤密效果，加强桩的作用，可以向孔中灌注水泥净浆，即用水泥净浆搅拌机将水泥与水以及压浆剂以 1：0.38：0.015 的比例混合（见图 6-10），再用注浆泵通过管道和注浆枪将净浆送入孔中的碎石缝隙。

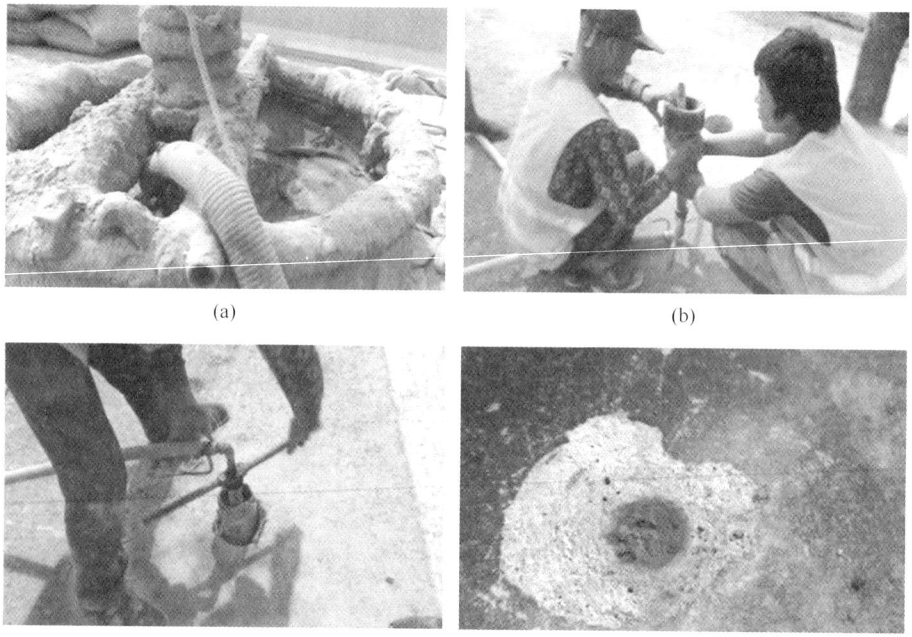

(a) (b) (c) (d)

图 6-10 现场注浆

（a）制备水泥净浆；（b）安装注浆枪头；（c）注浆枪就位；（d）注浆之后的孔口

（7）清理恢复路面。在注浆结束后，要对路面杂物、污物进行清理。尽管爆炸挤密法加固路堤未对路面造成过多损坏，但如果存在加固前就破损严重的路面，要清理后重新铺设沥青，以保证路面质量。本工程由于发现问题较早，治理及时，还未对路面造成面积较大的破损，故无需重铺路面。

爆炸挤密加固工程结束后，在相关位置设置了沉降观测点，定期观测路面的沉降情况。发现在最初的 4 个月中，累积沉降达 1.5cm；在随后的一年中，累积沉降小于 0.7cm，且沉降速度越来越缓慢。依此速度推算，15 年后的累积沉降量绝不会达到文献［22］的规定限值，说明爆炸挤密技术加固黄土路堤，达到了预期的效果。

由此可见，用爆炸挤密技术加固压实度不足的黄土路堤，可行、可靠，施工简便、高效。

7 爆炸挤密技术在战时道路抢修抢建中的应用探究

7.1 战时道路抢修抢建对爆炸挤密技术的需求

7.1.1 快速打通断头路的需求

战时部队在公路机动过程中往往存在快速打通断头路的需求。桥梁、隧道等是道路的关键节点，在战时遭敌打击破坏的可能性极大。修复这些关键节点用时一般较长，为了保证部队的机动时效，需要立即寻找迂回道路。由于我国各地区经济发展不平衡，导致部分地区公路网并不完善，尤其是边境地区，有时会存在迂回道路过远甚至没有迂回道路的情况。此时就需要抢建道路来快速打通断头路，以实现迂回道路被毁部分或者就近连接到公路网的其他部位。所以在战时，部队在机动的过程中存在着尽快修筑道路以打通断头路的需求。

而在黄土地区抢建道路，常规方法往往需要大型施工机械以及大量人力、物力，而且施工工序复杂，所以不能满足部队对时效的要求。爆炸挤密技术与其他类型的筑路技术相比，无需过于依赖大型施工机械，所需人力、物力较少，施工工艺简单，适合部队在机动过程中快速修筑道路，打通断头路。

7.1.2 抢修损毁道路的需求

战时部队在公路机动过程中往往存在抢修损毁道路的需求。道路作为一种带状建筑物，在战时隐蔽性差，容易遭敌打击破坏。而被敌破坏的道路往往对我军发挥运输投送能力有着重要意义。在这种情况下，即使存在迂回道路，交通网的整体运输能力也难免被削弱，而且迂回道路依然存在遭敌破坏的风险。对于道路本身而言，一般只是被局部破坏，具有被修复的价值。所以在战时，部队在机动的过程中存在着尽快修复损毁道路的需求。

常规修复损毁公路的方法，往往需要在清理破损路面之后，逐层填筑并夯实路基。但战时和急时，不仅时间紧迫，而且很难找到合适的施工机械。即使找到，被修复路段也不一定有足够的空间使用，因此修复的速度和质量都很难得到保证。爆炸挤密技术的施工速度十分迅速，可以在较短的时间内尽快修复道路，且受施工范围的影响较小。

7.1.3 快速提升道路承载能力的需求

战时部队在机动过程中有时需要快速提升道路承载能力。为了保持整体战斗力，部队往往成建制整体共同机动，这就导致整个车队的机动范围受制于对道路要求最高的那类车辆。而我军无论是维修车、重型坦克还是各型号的导弹发射车等，其车辆荷载往往大于普通车辆，这使得它们对道路承载能力的要求更高。若是道路的承载力不足，不光道路路面极易受损，减短道路的寿命，更会限制部队的机动速度与范围。然而，并不是所有道路的承载能力都满足我军重装备的机动需求，因此，为了在战时提高我军重装备的机动性，必要时可以临时对道路进行快速处理以提升其承载能力。

如本书第 1.3 节所述，常用的快速加固方法为注浆法和挤密桩法，二者均不满足部队在战时对提升道路承载能力的时效要求。而爆炸挤密技术无论在提升黄土路基承载能力的适用性，还是在快速性上都具有显著优势，因此，爆炸挤密技术适合用于部队在机动过程中快速提高既有道路承载能力。

7.2 爆炸挤密技术在战时道路抢修抢建中的应用方法

无论是战时抢建道路，以打通断头路还是抢修损毁道路，或是提升既有道路承载能力，以满足我军重装备的公路机动需求，都需要先快速确定施工技术方案，然后再进行施工。而在施工技术方案的确定过程中，最关键的环节就是确定药包的合理桩间距，也就是炮孔布局。而合理桩间距的确定前提是根据使用荷载情况，确定复合地基承载力基准，进而根据复合地基承载力特征值 P 与桩间距 L 的关系确定桩的水平间距 L。下面结合课题研究结果给出具体的应用方法。

7.2.1 复合地基承载力基准

爆炸挤密桩法加固后的路基顶面主要承受着路面结构自重应力 σ_B 以及车轮荷载产生的附加应力 σ_Z 。合理的设计思路应该为路基顶面所受的总应力在路基土的弹性限度范围内，即路基土的地基承载力特征值应该大于路基土表面所受垂直应力 σ_S 。在这种情况下，当车辆驶过后，路基土能够恢复原状，以此保证了公路的相对稳定，大大降低了路面发生各种病害的概率。所以我们将路基顶面所受的总应力作为加固后的复合地基承载力的基准，以此来选取合理的桩间距。

加固后路基土表面的垂直总应力 σ_S 为：

$$\sigma_S = \sigma_B + \sigma_Z \tag{7-1}$$

对于双轮组，其中车轮荷载的大小即轮胎接地压力，可由文献［97］中给出的轮胎接地压力 p(MPa) 与单轴轴载 p_S(kN) 和轮胎内压 p_i(MPa) 的经验公式 (7-2) 得出：

$$p = 0.0021p_S + 0.29p_i + 0.145 \tag{7-2}$$

轮胎与地面的接触面轮廓大致为一个椭圆形，因其长轴短轴差别不大，所以可以将车轮荷载简化为当量的圆形均布荷载。当量圆半径 δ_m 可由路基路面工程[98]中的公式（7-3）确定：

$$\delta_m = \sqrt{\frac{P}{\pi p}} \tag{7-3}$$

式中，P 为作用在车轮上的荷载，kN；p 为轮胎接地压力 kPa。

公路由路面和路基两部分构成。式（7-2）得到的是车轮荷载在路面的接触压力。为了得到车轮荷载在路基土上表面的垂直应力 σ_Z，由土力学[99]可知，当地表圆形面积上作用竖直均布荷载 P 时，在荷载中心 O 处下任意深度 z 处 M 点的竖直附加应力 σ_Z，可以由布辛内斯克解在圆形面积内进行积分得到。所以，在整个圆形面积上的均布荷载在对于圆心下任意深度 z 点的附加应力 σ_Z 见式（7-4）：

$$\sigma_Z = \int_0^{2\pi}\int_0^r \frac{3pz^3}{2\pi}\cdot\frac{\rho\mathrm{d}\theta\mathrm{d}\rho}{(\rho^2+z^2)^{\frac{5}{2}}} = \left\{1 - \frac{1}{\left[1+\left(\frac{r}{z}\right)^2\right]^{\frac{3}{2}}}\right\}\cdot p \tag{7-4}$$

式中，r 为圆面积半径，即车辆荷载的当量圆半径，$r = \delta$；p 为均布荷载强度，即轮胎接地压力 p；ρ 为均布荷载作用范围的极径，$0 \leqslant \rho \leqslant r$；$\theta$ 为均布荷载作用范围的极角，$0 \leqslant \theta \leqslant 2\pi$。

显而易见，在同一水平面内，在圆形竖直均布荷载 P 作用下，荷载中心 O 处的竖直附加应力 σ_Z 是最大的。因此，我们选取 O 处的竖直附加应力作为同一深度路基受力的控制值。

而路面自重在路基顶面所引起的垂直压应力 σ_B 按式（7-5）计算：

$$\sigma_B = \sum \gamma_i Z_i \tag{7-5}$$

式中，γ_i 为第 i 层路面的重度；Z_i 为第 i 层路面的厚度。

7.2.2 桩间距设计

当采用爆炸挤密技术抢建道路时，为达到应急交通保障的目的，快速提升未通路段通行能力，在对需抢建道路的路基使用爆炸挤密技术施工加固后，路面可铺设 15cm 的水泥稳定级配碎石作为临时路面，尤为紧急时，也可以直接使用混凝土预制块作为面层。

为了能够确定爆炸挤密桩的合理间距，在此按照《公路工程技术标准》（JTGB 01—2014）[100]中的要求，双轮组单轴的标准轴载为 $P_S = 100\text{kN}$，轮胎压

力 P_i =0.7MPa，当量圆半径 δ = 0.1065m，由式（7-2）可知轮胎接地压力 p = 558kPa。水泥稳定级配碎石路面的重度 γ = 25kN/m³。路面自重在路基顶面所引起的垂直压应力的计算深度以及车辆荷载在路基顶面的附加应力的计算深度，都取路基顶面距路面表面深度 Z = 15cm。所以根据式（7-1）、式（7-3）、式（7-4）、式（7-5）以及路面的实际情况，该路段路基顶面所受的垂直总应力，即复合地基承载力基准 σ_S = 259.25kPa。

课题组前期研究得出，复合地基承载力特征值 P/kPa 与桩间距 L/cm 之间的关系式[101]为：

$$P = 2.309 \times 10^{-5} L^3 - 0.01997L^2 + 4.983L - 76.13 \quad (R^2 = 0.9976) \tag{7-6}$$

根据承载力基准，得爆炸挤密合理的药包水平布置间距为 L = 281.4cm。为方便施工，可取 L = 280cm。

当采用爆炸挤密技术抢修被毁道路时，要保证不对未损毁道路产生破坏性的影响，故埋置炸药时应采用封闭爆炸。对被损毁道路进行抢修本质上与满足封闭爆炸条件下抢建道路相同，因此就本章研究情况而言，抢修被毁道路施工方案中炮孔间距的设计可以参考道路抢建部分。

针对采用爆炸挤密技术提升道路承载能力，满足重装备通过性要求的情况，重装备不仅指部队特种车辆，还包括地方公司的大型、特大型运输车等。具体参数可根据道路主要服务对象进行调整。

以某大型平板运输车为例，根据其具体技术参数、本章计算结果以及式（7-2）可知，其轮胎接地压力 p = 821kPa。设其路面由 18cm 厚的水泥混凝土面层以及 17cm 厚的水泥稳定级配碎石基层构成。因为在路基顶面，路面自重 σ_B 远小于由车辆荷载产生的附加应力 σ_Z，所以路面重度可统一 γ = 25kN/m³。计算深度都取路基顶面距路面表面深度 Z = 35cm。经计算得该路段路基顶面所受的垂直总应力，即复合地基承载力基准 σ_S = 255.54kPa。由式（7-6）以及承载力基准可知，合理的药包水平间距为 L = 294.0314cm。为方便施工，可取 L = 294cm。

战时采用爆炸挤密技术抢修抢建道路以及提升既有道路的承载力水平，具体的施工方法可参考本书第 6.3 节。

8 展　　望

本书在爆炸挤密黄土方面的研究虽然取得了一些进展，研究结论也可应用于工程，但深感依然任重道远，尚有许多有待进一步深入研究的工作，在此择其要者讨论如下：

（1）需要加强爆炸挤密土壤的理论研究。目前虽然有一些理论研究成果，但离成熟还相差甚远。正是缘此，才使得该技术尽管已有80年的历史，而且该技术具有加固深度不受限制、高效、成本低等显著优势，但依然多用于饱和砂土、淤泥等软弱地基的处理，用于黄土的很少，更鲜见用于既有高速公路路堤加固。没有相对成熟的理论支撑，试验难度大，故使用者认为其风险难控，最终只能慎用。尽管研究土中爆炸很难，涉及学科较多，但依然需加强该方面的研究力度。

（2）需要加强爆炸挤密试验技术和手段的研究。在本书进行室外试验的过程中，深感面对如此复杂却又转瞬即逝的过程，能用来检测的仪器、设备却显得单一和宏观。随着多物理参数捕捉、传感技术的进步，需加强土中爆炸试验装置和测量技术、手段的研究，毕竟量大、全面、可靠的试验数据的积累，才是理论研究的基础和依据。

（3）需进一步研究炸药参数，甚至炸药的化学成分对条形药包爆炸挤密黄土路堤规律的影响。这涉及化学、物理学、流体力学等多学科知识，非常复杂，但希望能研制出爆炸挤密土体的专用炸药，使得爆炸波能量挤密土壤的利用率更高。

（4）需深入研究经过爆炸挤密加固的黄土路堤承载力的影响因素和确定方法。提高路堤承载力是爆炸挤密路堤的最终目的，而炸药参数、单位长度的药量、土壤参数、炮孔间距、填充材料等都会对被加固路堤的承载力造成影响，研究它们对路堤承载力的影响机理和程度及被加固路堤承载力的确定方法，才能使得爆炸挤密黄土路堤技术的应用更加科学、合理、安全、高效。本书虽对此进行了一定的研究，在第7章也给出了经验公式，但该经验公式是在2号岩石乳化炸药条形药包半径为2.26cm的情况下，爆炸挤密河北北部黄土得到的，对于其他种类的炸药、其他药包直径、其他黄土是否成立，还需要进一步验证。

总之，任何一项研究都是由不成熟到逐渐成熟，任何一项技术都是由尝试到推广，这中间要经过多年多人的不懈努力和潜心钻研，所以衷心希望对此有兴趣的同行，能够在上述方面及更多方面对爆炸挤密技术进行研究和探索！

参 考 文 献

[1] Fordham C J, Mcroberts E C, Purcell B, et al. Practical and theoretical problems associated with blast densification of loose sands [C] //Proceedings of the 44th Canadian Geotechnical Conference of the Canadian Geotechnical Society, Canadian Geotechnical Society, Richmond, Canada, 1991: 92~98.

[2] Gandhi S R, Dey A K, Selvam S. Densification of pond ash by blasting [J]. Journal of Geotechnical and Geoenvironmental Engineering, 1999, 125 (10): 889~899.

[3] Gohl W B, Jefferies M G, Howie J A, et al. Explosive compaction: design, implementation and effectiveness [J]. Géotechnique, 2000, 50 (6): 657~665.

[4] Hall C E. Compacting a dam foundation by blasting [J]. Journal of the Soil Mechanics and Foundations Division, ASCE, 1962, 88 (3): 33~51.

[5] Narsilio G A, Santamarina J C, Hebeler T, et al. Blast densification: multi-instrumented case history [J]. Journal of Geotechnical and Geoenvironmental Engineering, 2009, 135 (6): 723~734.

[6] Raju V R, Gudehus G. Compaction of loose sand deposits using blasting [C] //Proceedings of the 13th International Conference on Soil Mechanics and Foundation Engineering, 1994: 1145~1150.

[7] Rollins K M, Anderson J K S. Cone penetration resistance variation with time after blast liquefaction testing [C] //Proceedings of Geotechnical Earthquake Engineering and Soil Dynamics IV. ASCE. Reston, VA, USA: Geotechnical Special Publication, 2008: 181.

[8] Solymar Z V. Compaction of alluvial sands by deep blasting [J]. Canadian Geotechnical Journal, 2011, 21 (2): 305~321.

[9] Wild P A. Tower foundations compacted with explosives [J]. Electrical World, 1961 (66): 36~38.

[10] Lyman A K. Compaction of cohesionless foundation soils by explosive [J]. Transactions, ASCE, 1942 (107): 1330~1348.

[11] Solymar Z V, Mitchell J K. Blasting densifies sand [J]. Journal of Geotechnical Engineering, ASCE, 1986 (10): 46~48.

[12] 屈俊童, 周健, 吴晓峰. 爆炸法密实砂土地基 (Ⅰ) ——研究现状 [J]. 工程爆破, 2006, 12 (3): 14~17.

[13] 潘强, 林凯, 袁顺德. 土体爆炸压密的研究进展及应用前景 [J]. 工程爆破, 2012, 18 (4): 81~84.

[14] 潘强. 爆炸荷载作用下土体压密效应研究 [D]. 成都: 西南交通大学, 2010: 12~28.

[15] 合肥工业大学井巷教研室. 爆炸压实土壤凿井法几个问题的研究 [J]. 合肥: 合肥工业大学学报, 1960 (4): 44~53.

[16] 韩毅, 李隽蓬. 铁路工程地质 [M]. 北京: 中国铁道出版社, 1988: 1~10.

[17] 罗宇生. 湿陷性黄土地基处理 [M]. 北京. 中国建筑工业出版社, 2008: 1~16.

[18] 刘东生，张宗祜．中国的黄土［J］．地质学报，1962（1）：3~111.
[19] 胡颖．黄土填料高填方路堤的工后沉降规律试验研究［D］．太原：太原理工大学，2015：1~3.
[20] 张国信．压实黄土路基变形影响因素的数值分析［D］．兰州：中国地震局兰州地震研究所，2013：1~7.
[21] 吴银柱．土力学与基础工程［M］．北京：高等教育出版社，2012：270.
[22] 中华人民共和国交通部．JTG D30—2015，公路路基设计规范［S］．北京：人民交通出版社股份有限公司，2015：7~10，148.
[23] 谷复光．吉林省某路段高填方路基沉降分析与研究［D］．长春：吉林大学，2011.
[24] 周波．公路路基黄土的湿陷性评价方法研究［D］．长春：吉林大学，2009：1~6.
[25] 赵兴华．浅析湿陷性黄土地区路基典型病害及防治措施［J］．黑龙江科技信息，2017（3）：272~274.
[26] 巨玉文，胡颖，王文正．黄土填料高填方路堤工后沉降变形规律的试验研究［J］．公路，2017（8）：21~27.
[27] 张卫兵，唐莲．黄土高路堤沉降过程及变形规律的原位试验研究［J］．中外公路，2012，32（1）：28~33.
[28] 曲元梅．公路路基缺陷加固技术的应用研究［D］．济南：山东大学，2006. 03.
[29] 赵发章．黄土与湿陷性黄土地区路基加固试验研究［D］．兰州：兰州理工大学，2003：8 ~19.
[30] Chu J，Varaksin S，Klotz U，et al. Construction processes［C］//Proceedings of the 17th International Conference on Soil Mechanics and Geotechnical Engineering. Alexandria，2009：3008~3011.
[31] 邓志勇，张志毅．爆炸法加固软土地基的试验研究［J］．铁道工程学报，2006（4）：18~21.
[32] 黄承贤．土中爆扩及其挤密效应的研究［J］．爆炸与冲击，1996，16（4）：354~360.
[33] 张凤禄．碎石桩堆载预压处理公路软基施工技术［J］．黑龙江交通科技，2013（4）：27~29.
[34] 何斌，姜军周．灰土挤密桩及在处理湿陷性黄土地基中的应用［J］．山西建筑，2010，36（17）：103~104，202.
[35] Eslami A，Pirouzi A，Omer J R，et al. CPT-Based evaluation of blast densification（BD）performance in loose deposits with settlement and resistance considerations［J］. Geotechnical and Geological Engineering，2015（33）：1279~1293.
[36] Eslami A. Investigation of explosive compaction（EC）for liquefaction mitigation using CPT records［J］. Bulletin of Earthquake Engineering，2015，13（11）：1~19 .
[37] 董亮，叶阳升，蔡德钩，等．爆炸荷载作用下软土地基的变形特性［J］．爆炸与冲击，2007，27（5）：416~467.
[38] 翟国锋，唐献述，江召兵．饱和粉细砂基密实中爆破漏斗试验与分析［J］．桂林理工大学学报，2012，32（1）：82~85.

[39] Hachey J E, Plum R L, Byrne R J, et al. Blast densification of a thick, loose debris flow at Mt. St. Helen's. Washington [C]. Vertical and Horizontal Deformations of Foundations and Embankments. ASCE, 2015: 502~512.

[40] 张禹，李玉香．基床爆破夯实在水下软土地基加固中的应用［J］．中国建材科技，2014（S1）：31.

[41] 国家能源局．DL/T 5135—2013，水电水利工程爆破施工技术规范［S］．北京：中国电力出版社，2014：10~12.

[42] 中华人民共和国交通部．JTG E40—2007，公路土工试验规程［S］．北京：人民交通出版社，2007：31~40.

[43] 钱七虎，王明洋．岩土中的冲击爆炸效应［M］．北京：国防工业出版社，2009：101~289.

[44] 徐森，张兴明，潘峰，等．工业炸药能量测试方法的分析［J］．爆破器材，2013，42（1）：18~21.

[45] 刘艳竹．高填方路堤中爆破挤密数值模拟分析［D］．天津：河北工业大学，2014：39~42.

[46] 亨利奇．爆炸动力学及其应用［M］．熊建国等，译．北京：科学出版社，1987：11，152~208.

[47] 陆明，刘祖亮，吕春绪．膨化硝铵炸药连续生产工艺与安全性研究［J］．爆破器材，2007，36（2）：9~12.

[48] 杨善元．煤爆炸动力学基础［M］．北京：煤炭工业出版社，1991：74~78.

[49] 哈努卡耶夫 A H. 矿岩爆破物理过程［M］．北京：冶金工业出版社，1980：59~82.

[50] 李顺波，东兆星，齐燕军，等．爆炸冲击波在不同介质中传播衰减规律的数值模拟［J］．振动与冲击，2009，28（7）：115~117.

[51] LSTC. LS-DYNA keyword user's manual. R7.0 [M]. Livermore: Livermore Software Technology Corporation (LSTC). 2013: Vol. Ⅰ

[52] LSTC. LS-DYNA keyword user's manual. R7.0 [M]. Livermore: Livermore Software Technology Corporation (LSTC). 2013: Vol. Ⅱ

[53] 石少卿，康建功，汪敏，等．ANSYS/LS-DYNA 在爆炸与冲击领域内的工程应用［M］．北京：中国建筑工业出版社，2011：9~19.

[54] Hallquist, J O (Ed.). LS-DYNA Theory Manual. Livermore: Livermore Software Technology Corporation, 2006: 19.21~19.22.

[55] Krieg R D. A simple constitutive description for cellular concrete [R]. Report SCDR-72-0883, Albuquerque, NM: Sandia National Laboratories, 1972: 38.

[56] 杨秀敏．爆炸冲击现象数值模拟［M］．合肥：中国科学技术大学出版社，2010：335~338.

[57] 魏连雨，刘艳竹，马士宾，等．高填方路堤软弱区域爆破挤密技术［J］．科技导报，2014，32（15）：49~52.

[58] 魏连雨，刘艳竹，李海超，等．高填方路堤土中爆破数值模拟［J］．科技导报，2014，32

(32)：32~36.
[59] 董立颖．软土路基中爆破挤密技术的数值模拟研究［D］．天津：河北工业大学，2015：13~15.
[60] 魏连雨，董立颖，李慧，等．基于数值模拟的土中爆破振动速度预测方法研究［J］．重庆交通大学学报（自然科学版），2017，36（4）：51~57.
[61] 药包［α］．https：//baike.baidu.com/item/药包．
[62] 戴俊，等．爆破工程［M］．北京：机械工业出版社，2015：57~66，97~132.
[63] 林大能，胡伟，彭刚．岩土介质爆炸挤压特性分析［J］．岩石力学与工程学报，2003，22（11）：1767~1770.
[64] 张伟．条形药包爆破数值模拟及其应用［D］．唐山：河北联合大学，2012：44~45.
[65] 史晓强．浅析高速公路沥青路面施工的质量控制［J］．科技创新导报，2011（27）：74.
[66] 中华人民共和国交通部．JTG D50—2017，公路沥青路面设计规范［S］．北京：人民交通出版社，2017：6~10.
[67] 李振存．在役高速公路路基性能评价及快速检测技术［D］．长沙：长沙理工大学，2014：26~54.
[68] Holomquist T J，Johnsons G R，Cook W H．A computational constitutive model for concrete subjective to large strains，high strain rates，and high Pressures［C］//Jackson N，Dickert S：The 14th International SymPosium on Ballistics．USA：American Defense Preparoneee Aesocia-tion，1993：591~600.
[69] 牛良．混凝土路面爆炸毁伤的规律研究［D］．绵阳：西南科技大学，2012：35.
[70] Johnson G R，Beissel S R，Holmquist T J，et al．Computed radial stresses in a concrete target penetrated by a steel profectile［J］．Transactions on the Built Environment．1998（32）：793~806.
[71] 熊益波，陈剑杰，胡永乐，等．混凝土 Johnson-Holmquist 本构模型关键参数研究［J］．工程力学，2012，29（01）：121~127.
[72] 熊益波，胡永乐，徐进，等．混凝土 Johnson-Holmquist 模型极限面参数确定［J］．兵工学报，2010，31（6）：746~751.
[73] 龚晓南．土塑性力学［M］．杭州：浙江大学出版社，1999：193~194.
[74] 潘强，张继春，郭学彬．土体爆炸压密的原理及试验研究［J］．爆炸与冲击，2011，31（2）：165~167.
[75] 董亮，赵成刚，蔡德钩，等．条形药包爆炸作用在土中显著影响范围的数值模拟［J］．工程地质学报，2006，14（02）：263~270.
[76] 胡小明，余学明．高填方黄土路堤的最优填筑密度分区研究［J］．四川大学学报（工程科学版），2002，34（1）：40~43.
[77] 李克升．两种工业炸药（修订版）［M］．昆明：云南科技出版社，2013：1.
[78] 舒远杰，霍冀川．炸药学概论［M］．北京：化学工业出版社，2011：35~110.
[79] Buzyurkin A E，Kraus E I，Lukyanov Y L．Study of the conditions of fracture at explosive compaction of powders［J］．Frattura Ed Integrità Strutturale，2013，24（24）：102~111.

[80] 袁绍国，臧建领，王政伟，等．基于 ANSYS/LS-DYNA 的两种起爆方式的效果比较［J］. 露天采矿技术，2011（3）：26～31.
[81] 万晓智．新型含铝炸药爆轰特性及其在土壤中爆炸效应研究［D］. 合肥：中国科学技术大学，2015：61～63.
[82] Dobratz B M，Crawford P C. LLNL explosives handbook-properties of chemical explosives and explosive simulants［R］. Livermore：Lawrence Livermore National Laboratory，University of California，1985：8. 21～8. 23 .
[83] 谢鹰，赵金三，江新建．深孔爆炸空间间隔装药的研究［J］. 采矿技术，2001，1（01）：37～38.
[84] 刘柳明，朱传云，李伟，等．预裂爆炸轴向不耦合系数的分析计算［J］. 华中师范大学学报，2002，36（1）：47～49.
[85] 陈秋宇．不同耦合系数条件下岩石损伤特性的研究［J］. 中国矿业，2017，26（10）：146～150.
[86] 李禹锡，蒲传金，李健钰，等．偏心不耦合装药爆破孔间距理论分析与计算［J］. 化工矿物与加工，2017（1）：33～37.
[87] 费鸿禄，洪陈超．应力波和爆生气体共同作用下裂隙区范围研究［J］. 爆破，2017，34（1）：33～36.
[88] 张长亮，涂维，罗志光，等．裂隙岩体固-水-气三相不耦合装药爆破数值模拟分析［J］. 公路交通科技，2017，34（4）：58～65.
[89] 唐明渊，康强，余红兵．轴向不耦合装药爆破应用研究［J］. 采矿技术，2017，17（4）：78～80.
[90] 李新平，陈萍萍，罗忆，等．非对称不耦合装药结构对预裂爆破效果的影响［J］. 爆破，2017，34（3）：25～30.
[91] 兰格福斯 U，基尔斯特 B. 岩石爆破现代技术［M］. 北京：冶金工业出版社，1981：29.
[92] 姜鹏飞，唐德高，龙源．不耦合装药爆破对硬岩应力场影响的数值分析［J］. 岩土力学，2009，30（1）：275～279.
[93] 中华人民共和国建设部．GB 50007—2011，建筑地基基础设计规范［S］. 北京：中国建筑工业出版社，2012.
[94] 中华人民共和国水利部．GB/T 50145—2007，土的工程分类标准［S］. 北京：中国计划出版社，2008.
[95] 汪旭光．乳化炸药（第 2 版）［M］. 北京：冶金工业出版社，2008.
[96] 王娜峰．乳化炸药能量提高及能量输出结构的若干因素研究［D］. 北京：北京理工大学，2014：1～3.
[97] 孟岩，郭林泉，谈至明．路面载重车辆的荷载特征［J］. 公路交通科技，2007（04）：1～6.
[98] 黄晓明．路基路面工程［M］. 北京：人民交通出版社，2017.
[99] 李广信．土力学［M］. 北京：清华大学出版社，2013.

[100] 中华人民共和国交通运输部公路局，中交第一公路勘察设计研究院有限公司．公路工程技术标准：JTG B01—2014 [S]．北京：人民交通出版社，2014.

[101] 黄晨旭，李海超，崔子鑫，等．基于地基承载力的爆炸挤密桩平面间距优化研究 [J]．国防交通工程与技术，2019，17（05）：29~33.